Skandinavien mit dem Motorrad

Marbie Stoner

Skandinavien mit dem Motorrad

Lofoten, Tromsø, bottnischer Meerbusen bis Trelleborg

Marbie Stoner

Buchbeschreibung:

Vor der Hitze in Südeuropa in den kühlen Norden fliehen. Warum nicht? Norwegen und Schweden bieten nicht nur jede Menge Natur und Sehenswürdigkeiten, sondern einige der schönsten Städte und 300 Kilometer nördlich des Polarkreises die Inselgruppe der Lofoten und der Vesterålen. Jeder Kilometer zählt im Insel- und Meeresarmlabyrinth mit Brücken, Fähren und Tunneln doppelt, wird auch durch spektakuläre Ausblicke belohnt, es muss nicht immer das Nordkap sein! Mit steigenden Lebensjahren ändern sich Ansichten, Belastbarkeit und Verhalten bei einer Tour zu viert. Diese Tour gestaltete sich aufgrund von Reisezielkonflikten und Befindlichkeiten in einer Vierergruppe anders als die vorhergehenden. Begleitet von der bangen Frage: wie lange geht es noch, das Motorradfahren?

Über die Autorin:

Marbie Stoner ist Jahrgang 1958, verheiratet, Mutter von zwei Töchtern und fährt seit 30 Jahren Motorrad. Sie wohnt in Hessen in Spessartnähe und veröffentlicht unter Pseudonym.
Seit April 2022 ist sie im Ruhestand, der Reisen endlich ohne Zeitdruck planen lässt.

Vor dem Ruhestand arbeitete sie als leitende Angestellte im Gesundheitswesen.

Ferner erstellt sie Gutachten für Sozialgerichte zur Feststellung der Pflegebedürftigkeit.

Zahlreiche Motorradreiseberichte hat sie seit 2014 veröffentlicht. Die Höhepunkte waren Kirgistan und Colorado/USA. Sie ist Mitglied im bundesweiten Frauenmotorradclub Women on Wheels e. V. https://wow-germany.de

Die Wintermonate verbringt sie vor der Staffelei.

Impressum

Marbie Stoner

Rathausstraße 8

63594 Hasselroth

marbiestoner58@gmail.com

1. Auflage 2023, ISBN: 9783756883066

Herstellung und Verlag:

BoD – Books on Demand, Norderstedt

Fotos: George Schmittlein & Marbie Stoner

Track: kurviger.de

Korrektorat: Nadja Reinhold

Cover: GELBE GARAGE Werbeagentur OHG, Osnabrück.

Titelfoto: Stamsund Hafen, Lofoten.

Bibliografische Informationen der Deutschen Nationalbibliothek: Die DNB verzeichnet diese Publikation in der Deutschen Nationalbibliografie, detaillierte biografische Daten sind im Internet unter dnb.de abrufbar.

Ich halte nichts vom Gendern.

Gendersternchen und Schluckauf Doppelpunkt entsprechen nicht der aktuellen Rechtschreibung. Es stört den Textfluss, liest sich kompliziert und angestrengt korrekt.

Ich bitte die geneigte Leserschaft um Verständnis. Es sind natürlich mit der männlichen Ausdrucksform alle Menschen gemeint.

Auch die, die schon immer mal den Motorradführerschein machen wollten, die früher mal gefahren sind und sogar die, die weder vorne noch hinten jemals auf einer Maschine saßen. Ein Leben ohne Motorrad ist zwar möglich, aber nicht sinnvoll.

Routenübersicht

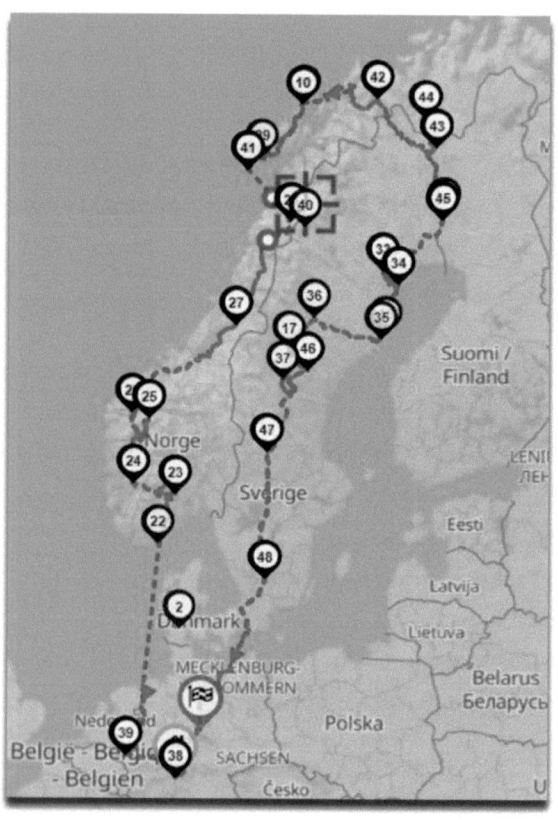

Inhaltsverzeichnis

9

Allgemeine Informationen

Reisezeit: 04.07. – 05.08.2023

Motorräder
George: Husqvarna Norden 901, Reifen Mitas E07+ gefahrene Kilometer 7.500.
Marbie: Triumph Tiger 800 XRC, Reifen Mitas Terraforce, gefahrene Kilometer 6.530.
Ruedi: KTM Adventure 1100, Reifenmarke und Kilometerleistung nicht bekannt.

Navigation: ich den TomTom und 2x der Garmin XT der Männer.
Benzinpreise Norwegen: 2,60 Euro für 95 Oktan Benzin

Benzinpreise Schweden: 2,02 Euro für 95 Oktan Benzin. Überwiegend erfolgt das Tanken an Automaten, besetzte Tankstellen sind eher die Ausnahme. Im nördlichen Schweden ist das Tankstellennetz nicht sehr dicht, oft gibt es dort nur Diesel oder Elektrodosen. Deshalb ist das Nachtanken, wo es möglich ist, unbedingt zu empfehlen! Oder einen gefüllten Benzinkanister mitführen.
Währung Norwegen: NOK, 1 Euro = 11,21 NOK.
Währung Schweden: SEK, 1 Euro = 11,64 SEK.
Wir haben über den Daumen 1:10 gerechnet.

Norwegen ist sehr sehr teuer! In Deutschland jammern wir daher über die Preise auf hohem Niveau.

In Schweden ging es dann etwas preiswerter, auch bei den Unterkünften.

Der Urlaub kostete pro Person zirka 5.000 Euro, mit Fähren, Hotels, Essen/Trinken und Benzin.

Hotels und Hütten unterscheiden sich in den Preisen im Prinzip nicht, bedeutet, sie sind gleich teuer. 100 Euro pro Nacht muss man schon rechnen, es geht aber noch teurer. Zeitweise hatte ich meinen Kontostand argwöhnisch beobachtet. Billiger wird es nur durch die Tatsache, dass die Hütten mit mehreren Personen bewohnt werden können. Wobei die Bezeichnung Hütte stark untertrieben ist. Oft handelt es sich um Ferienhäuser oder -wohnungen. Bettwäsche und Handtücher sind in der Regel nicht im Preis inbegriffen, können aber günstig geliehen werden. Wir hatten Schlafsäcke und Handtücher im Gepäck. In der Hauptsaison (Juni und Juli) sollte man vorbuchen! Spontan funktioniert es nicht. Das schränkt die Flexibilität etwas ein.

Ohne Kreditkarte geht gar nichts. Wir hatten norwegische Kronen umgetauscht und einige Mühe, das Bargeld wieder loszuwerden. In Schweden hatten wir kein Bargeld mehr dabei. Es geht wirklich alles mit Karte oder mit dem Handy.

Alkohol: Die Bestimmungen sind gelockert.

In Norwegen erhält man sogenanntes Starkbier, das ist Bier mir mehr als 4,5% Alkohol im Supermarkt.

Aber Achtung: Wochentags nur bis 20 Uhr, freitags ab 18:00 Uhr und am Wochenende gar nicht.

Vermutlich, weil so das Komasaufen verhindert werden soll. Andere alkoholische Getränke gibt es in den Vinmonopolet-Läden, davon existieren über das Land verteilt etwa 330. Geöffnet bis 18 Uhr, Samstag bis 15 Uhr.

In Schweden gibt es die Systembolaget. Eintritt erst mit 18 Jahren gestattet. Diese haben üblicherweise bis 18:00 Uhr geöffnet, samstags bis 14:00 Uhr.

George hatte ein 10-Liter-Weinfässchen von Jacques Weindepot im Koffer. Sehr zu empfehlen.

Zigaretten: Schweden ist ab dem 01.07.2023 rauchfrei oder will es werden. Das bedeutet, weniger als 5% der Bevölkerung rauchen. An den vielen Kippen, die innerstädtisch auf der Straße liegen, erkennt man nicht sofort deren Ernsthaftigkeit. Die Verhältnisse gleichen sich denen in den USA an. In der Öffentlichkeit ist das Rauchen untersagt, auch vor den Restaurants.

Die Schweden nutzen als Alternative die Smus, eine Art Kautabak, der in die Wangentasche geklemmt wird.

Der Nikotingehalt ist dreimal höher als bei einer Zigarette, aber wenigstens qualmt nichts.

Heets (IQOS) gibt es in Skandinavien nicht zu kaufen. Norwegische Zigaretten kostet die Packung ca. 15 Euro. Ich hatte mich wie ein Eichhörnchen in sämtlichen Nischen im Gepäck mit Heets bevorratet.

Selbst im Schlafsack lagerten zwei Stangen. Am Zoll sind wir einfach durchgewunken worden. Kein Problem.

Essen: Gourmets sind die Skandinavier nicht. Den Hamburger, einem Turmbau ähnlich, könnten sie erfunden haben. Ansonsten die üblichen Pizzerien, Grills, Fettbuden und teilweise sehr gute asiatische Restaurants. Der Kaffee ist gruselig. In Pumpkannen oder, noch schlimmer, auf einer Wärmeplatte stundenlang warmgehalten. Cappuccino oder Espresso sind die Ausnahme.

Sprache: In Englisch kann man sich sehr gut verständigen. Mein einjähriger Kurs in Babble hat sich bewährt. Üblich ist es, sich mit Vornamen anzureden und zu duzen. Gefällt mir sehr gut.

Kartenmaterial: Marco Polo, Norwegen, 1:800.000

Detailkarten Kümmerly + Frey:

Centralnorwegen (Lofoten-Narvik)

Mittelnorwegen (Ålesund-Trondheim-Namsos)

Nord-Norwegen (Tromsø-Nordkap-Kirkenes)

Reiseführer: Verlag Reise Know-how, Norwegen, 7. Auflage 2020.

Curves Norwegen Magazin, *soulful driving*. Für Autos. Macht aber nichts. Zweisprachiger Text in Deutsch/Englisch, zahlreiche brillante Fotos, Kartenausschnitte, Tour Beschreibungen von Nord nach Süd, hier: Tromsø nach Kristiansand.

Es handelt sich um ein Großformat in DIN A4 mit 288 Seiten, zur Mitnahme im Koffer eher unpraktisch.

Aber zur vorherigen Planung einer Tour, der Vorbereitung und einer Einstimmung hervorragend geeignet.

https://curves-magazin.com

In Seljord, Dienstag, 04.07.2023

1 Seljord, Garvikstrondi Campingplatz. Blick von unserer Hütte.

Am 02.07.2023, eine Woche später als geplant wegen meiner akuten Rückenschmerzen, starten wir Richtung Emden, mit Zwischenstopp bei Georges Tochter in Hückelhoven. Am Montag, 03.07.2023, geht es zum Borkumanleger in Emden, mit der Fähre nach Kristiansand und Übernachtung in luxuriöser Außenkabine. Das war die angenehmste Fährüberfahrt bisher! Angefangen mit der Beschilderung zum Hafen über den komplikationslosen Check-in bis zum Beziehen der Kabine.

Kein Stau vor der Fähre, die Fahrzeuge werden schon zwei Stunden vor der Abfahrt in kleinen Gruppen auf das Schiff geführt. Am Fährschalter erhält man die Bordkarte inklusive der Kabinennummer, es folgt Passkontrolle und Durchwinken aufs Schiff.

Das Personal zurrt die Motorräder fest. Tasche packen und rauf von Deck 3 auf Deck 8. Meine Packstruktur habe ich mal wieder optimiert. Keine dicke Wurst von Packrolle, sondern 2 Alukoffer plus Top Case, Tankrucksack und Erste Hilfe Kit in einer Seitentasche am linken Sturzbügel.

Nach dem schrecklichen Unfallerlebnis in der Türkei 2022 (»Türkei mit dem Motorrad, bis zum Ararat«), bei dem eine ältere Frau von einem LKW überrollt wurde und ich außer einem Papiertaschentuch nichts beisteuern konnte, habe ich mir diese Lösung überlegt.

Handschuhe, Wundspray, Desinfektion für Haut und Hände, Mundschutz für die schlimmen Fälle. Na ja, Kettenspray ist auch drin.

Ruedi und Susanna, unsere Schweizer Freunde, sind eine Woche zuvor aufgebrochen und erwarten uns auf dem Garvikstrondi Campingplatz, 8 Kilometer östlich von Seljord Zentrum. Sie haben eine Hütte gemietet, deren Bezeichnung »Hütte« stark untertrieben ist.

Acht Schlafplätze auf 2 Etagen, kombiniertes Wohnzimmer mit Küchenzeile und Spülmaschine, Dusche und WC.

Eine Übernachtung kostet 160 Euro. Der Campingplatz liegt malerisch an einem See, Dauercamper, Bootsverleih und Einkaufsladen – alles vorhanden. Super.

Der Ort Seljord liegt 210 Kilometer in ziemlich genau nördlicher Richtung von Kristiansand entfernt.

Wir fahren auf der landschaftlich reizvollen 41 bis zur E141 und biegen nach Osten ab. Um wegen des Tempolimits von 80 km/h nicht ständig auf den Tacho starren zu müssen, schalte ich den Tempomat ein.

Die Kurven sind übersichtlich, mit 80 Kilometer/h locker zu meistern, und bedürfen (leider) fast keiner Schräglage. Außer an den zahlreichen Baustellen sehen wir keine Ampeln, wenig Verkehr, kaum LKWs. Klasse.

Die Norweger fahren sehr gesittet und vorschriftsmäßig, so wie die Schweizer. Geschwindigkeitsüberschreitungen können aber sehr, sehr teuer werden!

Ich habe mal auf

https://www.bussgeldkatalog.de/norwegen/

recherchiert, was der norwegische Bußgeldkatalog so bepreist:

Geschwindigkeitsüberschreitung von 20 km/h ab 375 €
Geschwindigkeitsüberschreitung von 50 Km/h ab 900 €

Parkverstoß	ab 80 €
Alkohol am Steuer	ab 520 €
Nicht angeschnallt	ab 155 €
Handy am Steuer	135 €

Bußgelder aus Norwegen lassen sich in Deutschland zwar nicht vollstrecken, da das Land kein Mitglied der EU ist. Allerdings kann die Polizei Sanktionen vor Ort erheben. Zum Beispiel das Motorrad beschlagnahmen.

Am nächsten Tag ist das Wetter mit blauem Himmel nicht zu toppen. Wir bleiben einen Tag länger, ich will meinen Rücken nicht so schnell überfordern. George fährt mit Ruedi eine Tour durch die Hardangervidda, ein Plateaufjell und die größte Hochebene Europas. Sie hat eine Fläche von etwa 8.000 Quadratkilometern. Beeindruckend, nicht wahr?

Kleine Runde in Südnorwegen

Text: George Schmittlein

Das Wetter ist super, die Gegend staunenswert und ich bin, was das Motorradfahren angeht, gestern ja gerade so auf den Geschmack gekommen. Ruedi ist auch froh, mal wieder etwas ausgedehnter auf zwei Rädern unterwegs zu sein. Also starten wir am Mittwoch unsere 2-Zylinder für eine entspannte Runde hier.

19

Der Plan, auf kleinen Schotterwegen Richtung Norden zur Hardangervidda zu fahren, scheitert.

Die wenigen Pisten, die uns zum Ziel führen würden, sind leider durch Bauarbeiten derzeit nicht passierbar. Spaß hat der Versuch trotzdem gemacht.

Die kleinen Waldwege sind schattig, durch die Baufahrzeuge auch mal aufgewühlt, also schön. Da unser Ziel aber auf diesen Wegen nicht zu erreichen ist, drehen wir irgendwann und fahren zurück auf die Straße und bis in die Stadt Seljord.

Ein kurzes Stück auf die E134, dann geht es links ab auf den Flatdalvegen. Das ist ein kleines Sträßchen, welches den Namen jeweils nach der nächstgrößeren Stadt wechselt, zur Hardangervidda hinaufwindet. Es geht durch eine großartige Bergwelt, durch Wälder, vorbei an Seen und Flüssen bis hinauf über 900 Meter, ein paar sehr schöne Schottersträßchen waren auch noch dabei – einfach genial.

Am Lognvikvatn, ein kleiner See auf etwa 720 Meter Höhe, biegen wir ab auf die 37, die uns jetzt an der Hardangervidda vorbei ebenfalls in schönen, engen Kurven bis auf fast 1.000 Höhenmeter bringt.

Die Aussicht auf die Hardangervidda ist einfach gigantisch – ein echtes Highlight. Irgendwo hinter dem Møsvatn geht es wieder genauso kurvenreich hinunter bis auf etwa 200 Meter.

Am See Måna verlassen wir die 37 und fahren rechts ab auf den Tuddalsvegen Richtung Hjartdal. Die Straße windet sich direkt hinter dem See in engen Serpentinen bis auf 800 Meter hinauf.

Wir genehmigen uns einen Kaffee an der Talstation der Gaustabanen, das ist eine kombinierte Berg- und Seilbahn auf den Gaustatoppen.

Die Fahrt hinauf soll spektakulär und die Aussicht von dort oben grandios sein.

Wir stürzen uns lieber wieder auf unsere Motos in das Kurvengewühl und fahren über eine weite Hochebene bis zur Passhöhe auf etwa 1.270 Meter.

Etliche Kilometer später und fast 1.000 Meter tiefer erreichen wir Sauland und damit die E134.

Der folgen wir bis zum Ende des Sees Hjartsjå. Hier biegen wir ab und versuchen, den Mælefjelltunnel zu ‚überfahren'. Der Tunnel führt mit einer Länge von 9,4 Kilometern von Hjartdal nach Seljord.

Unser Versuch klappt zwar nicht wirklich, wir fahren aber noch etwa 20 Kilometer durch eine wirklich schöne Landschaft, Single Roads, teilweise Schotter, herrliche Gegend, klasse! Doch irgendwie finden wir den Weg nach Seljord nicht.

So geht es wieder zurück auf die E134 und durch den Tunnel bis Seljord zu unserer Hütte auf dem Camping-platz.

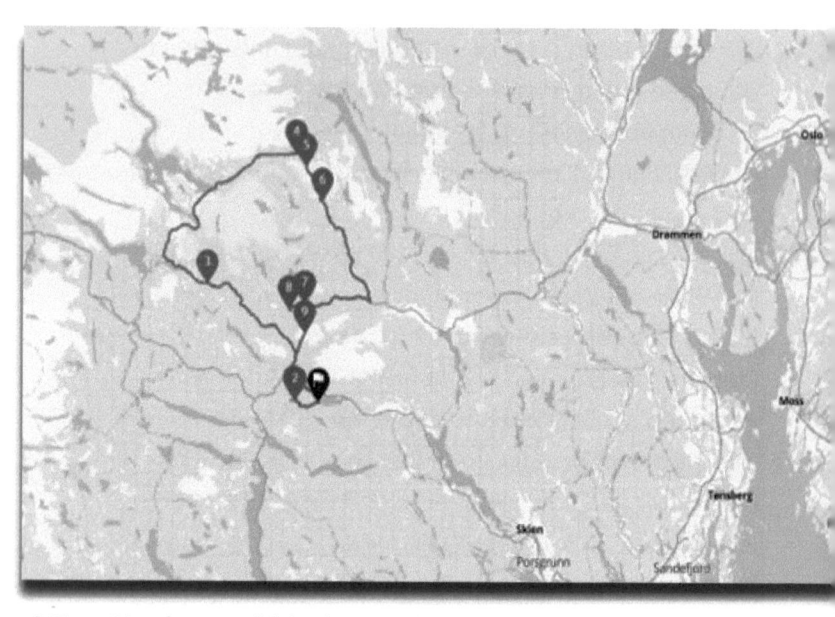

2 Tour Hardangervidda, im Nordosten Oslo.

22

Nach Eidfjord

Am Donnerstag, 06.07.2023 geht es weiter. Um 11:45 Uhr kommen wir tatsächlich endlich los. Das Regenzeug schon griffbereit, ich ziehe es gleich an. Kräftige Schauer begleiten uns, die glücklicherweise nicht lange anhalten. Aber sobald ich denke, das war es jetzt mit Regen, die Pelle kann ich wieder ausziehen, beginnt der nächste Guss.

250 Kilometer bis nach Eidford, leider hat die Buchung über Booking.com nicht geklappt, Susanna hat sich im Datum um eine Woche vertan.

Und aktuell ist alles belegt. Also zurückfahren, in ein Hotel im Zentrum. Und es schüttet wieder wie aus Eimern. Außer mir hatte niemand mehr Regenkleidung angezogen. Aber ich habe keine Lust auf nasse Jacke und Hose bei der Weiterfahrt morgen. Wir haben Glück, das letzte Zimmer für vier Personen können wir noch buchen. Das Essen im Restaurant ist klasse, auch teuer. Mal keine Pizza, der Lachs mit geschmortem Spitzkohl kostet umgerechnet 29 Euro, ein Bier 9 Euro. Die Preise sind schon gepfeffert, wir gewöhnen uns nur langsam daran. Bin gespannt, wie unser Konto nach dem Urlaub aussieht.

Am Freitag kommen wir zeitig um 11:00 Uhr los. Es geht nach Fjærland.

Wählerisch bei der Unterkunftssuche zu sein ist nicht mehr möglich.

Alles, was wir so anpeilen, ist belegt. So wird es ein Appartement in einem Privathaus, zwei Nächte für ca. 3.000 NOK, geteilt durch 4 Personen erschwinglich. Aber nie wieder. Die Schnarcherei raubt mir den letzten Nerv, das Fenster lässt sich nur kippen, die Luft ist zum Schneiden und das Zimmer bullig warm.

Am nächsten Morgen koche ich für uns Kaffee, während sich die Mitbewohnerin über dem Handwaschbecken ihre Zähne putzt und die Reinigungsprodukte geräuschvoll ausspuckt. Nun ja.

Ist ja eine ganz saubere Sache, das Zähneputzen.

Nach Fjærland, Boyum Camping.

3 Bremuseum

Jeder von uns hat im Navi als Adresse was anderes angegeben. Ich habe die korrekte Anfahrt mit Straßen-bezeichnung drin, also liegt der TomTom richtig.
Aber wer vorfährt, hat recht. Auch wenn es falsch ist. Beeindruckend sind die Mammutstatuen vor dem Norks Bremuseum, schon von weitem sichtbar.

Ruedi geht es heute nicht so gut. Er spricht kaum und wirkt müde. Ich habe grad auch nicht so gute Laune. Manchmal wechseln die Stimmungen bei uns schneller als die Farbe beim Chamäleon. Muss am Alter liegen? Die Rezeption des Campingplatzes ist mit der Ehefrau des Hausbesitzers besetzt. Sie teilt uns mit, dass wir hier falsch sind.

Und gibt uns eine Wegbeschreibung in Englisch. Schon nach fünf Sätzen steige ich mental aus. Der TomTom meldet die richtige Adresse, also fahre ich jetzt vor. Als ich in den Schotterweg scharf links nach oben erblicke, scheut meine Lady (oder ich?), und fährt weiter gerade-aus. Nun, wir landen an einem Wohnhaus, deren Be-wohner uns wieder nach unten schicken.

Sch … Ich fahre da nicht hoch, weil ich den Weg nicht einsehen kann und wahrscheinlich die schwere Tiger auf dem Schotter ablege.

George und Ruedi fahren vor, ich laufe zu Fuß und erkunde das Gelände. Ziemlich eng nach rechts oben auf den schmalen Betonboden geht es vor den Hauseingang. George fährt meine Tiger hoch. Das war keine schlechte Idee, wie sich herausstellt. Die Lage der Wohnung, von der Geröllstrecke mal abgesehen, ist einmalig. Wir bewohnen das Erdgeschoss alleine. Die Familie ist im Obergeschoss zu Hause.

4 Blick auf die Gletscherzunge

Riesiges kombiniertes Wohn-Küche-Esszimmer. Allerdings sind hier alle Fenster vernagelt und man bekommt sie nicht auf.

Das soll wohl die Zwangslüftung bringen. Nun ja.

Überzeugt nicht, vor allem der WC-Dunst im Badezimmer bleibt hartnäckig.

In Fjærland

Die Männer planen eine Ausfahrt, Susanna und ich laufen zum Bremuseum, ein renommiertes, modernes Museum des Architekten Sverre Fehn. Es zeigt Ausstellungen über Gletscher und Klima.

1,5 Kilometer von unserer Unterkunft entfernt. Sehr zu empfehlen! Multimediale Show über Gletscher und Klimaerwärmung. Vor allem beeindruckend ist die Darstellung des Gletschers Jostedalbreen. Zwei seiner Arme, der Bøyabreen und der Supphellebreen, ragen in Fjærland bis ins Tal hinunter.

Der Ort Mundal selbst ist geprägt durch Landwirtschaft, Tourismus und durch Buchantiquariate. Fjærland ist ein Bücherdorf. Die Bücher werden in kleinen Läden angeboten, insgesamt über 250.000 Stück.

(Quelle: Frankfurter Rundschau vom 04.10.2014).

Susanna hat ihren sündhaft teuren zusammenfaltbaren Rucksack dabei.

Nicht zu glauben, dass dieser Stofffetzen 300 Schweizer Franken gekostet hat. So teuer wie ein 60-Liter Backpack von Deuter.

Der Supermarkt ist weitere 3 Kilometer entfernt. Bis wir dort angekommen sind, ist mir klar, dass ich nicht mehr zurücklaufen werde. Ich bestelle an der Touristeninformation ein Taxi und kriege das sogar verständlich in Englisch hin.

Weit kommen wir mit dem Taxi allerdings nicht.

Ein Abschleppwagen versperrt die schmale Straße. Wir warten mit laufendem Taxameter (!) zirka 15 Minuten, bis es weiter geht. Der Taxifahrer unterhält uns derweil sehr charmant. »Hinter uns ist Ihr Vermieter«, sagt er. *Hä?* Ich drehe mich um. Nicht zu glauben. Stimmt.

»Hier kennt jeder jeden«, schmunzelt er. Wenn wir das vorher gewusst hätten, wäre es ja billiger gewesen, mit ihm zu fahren. Das Fahrzeug, das aufgeladen wird, steht seit zwei Jahren, ist zum Stehzeug verkommen und straft mit Stillstand bei Rädern und Motor. Die Besitzerinnen sind Autorinnen im Dorf und verkaufen ihre Bücher in ihrem Laden. Der Fahrer des Abschleppers haut mit einem Zimmermannshammer auf das linke Hinterrad, um die Bremse oder die Kupplung zu lösen, und schließt ein Starthilfekabel an. Endlich wird das Auto aufgeladen.

Eine lange Schlange von Autos wartet hinter uns.

Nun läuft eine der Damen mit dem Hammer in der rechten Hand ziellos auf dem Grundstück hin und her. Ein skurriler Anblick.

»So arbeiten wir in Norwegen, wir haben viel Zeit«, sagt unser Fahrer. Ich muss lachen.

Ruedi und George treffen gegen Spätnachmittag wieder ein und sind begeistert von ihrer Tour zum Gletscher. Wer weiß, wie lange es sie noch gibt. Die Gletscher, meine ich.

Wir kochen abends selbst. Es gibt Spagetti mit Tomatensoße und einheimischen Streukäse. Nicht sehr originell, aber sättigend.

Unser Vermieter ist früher (damit fangen bekanntlich alle Märchen an) auch Motorrad gefahren und kennt den Trollstigen. An einer Stelle habe er sich ungeheuer erschreckt und warnt uns, vorsichtig zu sein. Ich erschrecke mich des öfteren beim Fahren und kann wenig mit dieser Information anfangen. Er klingt etwas wehmütig. Nun habe er beruflich viel zu tun, Familie, Kinder und Campingplatz. Keine Zeit mehr zum Motorradfahren. Gut, dass wir die Familienplanung schon lange abgeschlossen haben.

Obwohl noch im Süden, wird es hier auch schon spät dunkel.

Susanna will so lange lesen, bis sie nichts mehr erkennen kann. Nun, das dauert.

Als ihr die Augen zufallen, ist es noch immer nicht dunkel. Sagenhaft, diese lange Helligkeit.

5 Wasserfälle, die immer mal am Wege liegen. Ohne Fotostopp nicht passierbar!

Jostedalsbreen

Text: George Schmittlein

Immer noch sehr gutes Wetter und die Mädels wollen heute etwas Kultur und vielleicht relaxen. Relaxen, das will ich auch, funktioniert aber am besten auf dem Motorrad! Ruedi geht es ähnlich und ein Ziel ist schnell gefunden. Der Stausee Jostedøla mit dem Styggevatn Dam, malerisch vor dem Austdalsbreen gelegen.

6 Gletschersee. Die Kälte kriecht quasi aus dem Bild ...

Über die E5 geht es zügig bis Sogndalsfjøra, wo wir auf die 55 abbiegen. Die Gegend ist wieder großartig, die Straße ist halt gut ausgebaut, bietet aber genügend weite Kurven. Wir befinden uns hier auf Meereshöhe. Auf der 55 läuft es schmal und kurvenreich vorbei am Sogndalsfjord und einigen Seen sowie durch etliche verschlafene Dörfer. In Gaupne verlassen wir die 55 und biegen auf die 604 Richtung Leirdalen und Gjerde. Obwohl wir uns auf Meereshöhe bewegen, geht es dauernd rauf und runter. Das ändert sich etwa ab Leirdalen.

Jetzt geht es in die Höhe. Bei der 604 handelt es sich um ein kleines Sträßchen, manchmal sogar eher eine Single Road, das uns bis zum Styggevatn Dam auf 1163 Meter Höhe bringt.

Die Landschaft ist einfach imponierend. Berge wie im Hochgebirge, dazu kommt dann immer mal wieder ein Blick auf die ein oder andere Gletscherzunge – phänomenal! Irgendwo im Niemandsland teilt sich die 604 in die Fv335 und Fv334, wir nehmen die Fv334. Diese bringt uns durch Gjerde weiter Richtung Styggevatn Dam. Am Breheimsenteret-Museum führt eine Stichstraße zu einem Aussichtspunkt auf den Nigardsbreen – den gönnen wir uns. Ist echt klasse. Er liegt auf nicht ganz 300 Höhenmetern am gleich-namigen See.

Man kann dort auch Gletschertouren und Bootsfahrten
zur Gletscherzunge buchen. Ist bestimmt großartig,
steht aber nicht auf unserem Tagesplan.
Nach einer kurzen Rast und etwas Small Talk mit einem
der Gletscherführer - Husqvarna fahren öffnet Türen -
geht es für uns weiter zum Styggevatn Dam. Der liegt
ca. 1163 m hoch in einer atemberaubenden Landschaft.
Wilde, unberührte Berge, der leuchtend blau bis
türkisgrün dort eingebettete See vor der Gletscherzunge Austdalsbreen – das lohnt die paar Meter fuß-
läufigen Aufstieges zur Staumauer.

7 Staumauer Jostedalsbreen

Wir genießen eine ganze Zeitlang diese herrliche Gegend, bevor es auf dem gleichen Weg zurück in unser Ferienhaus geht.

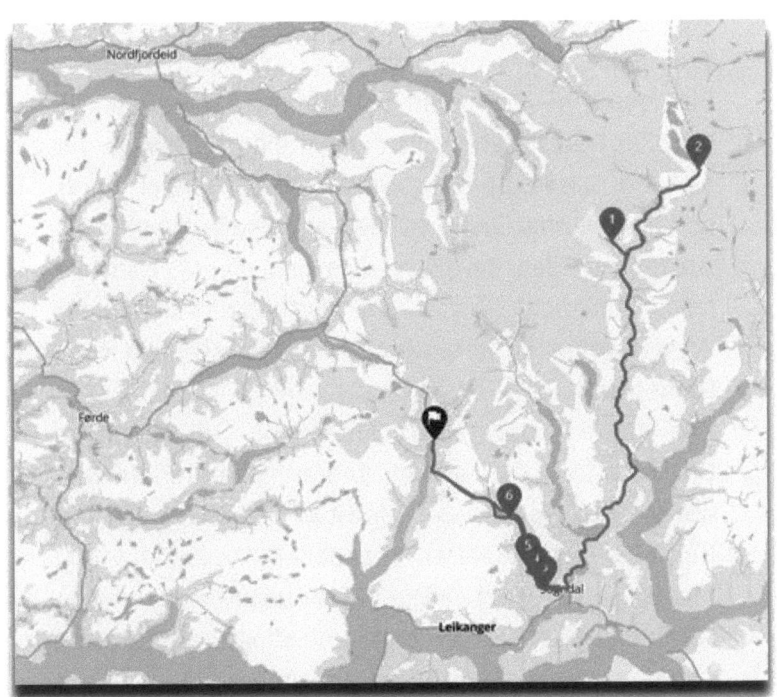

8 Tour Jostedalsbreen

Nach Åndalsnes über den Trollstigen

Diese Route hat Ruedi ausgesucht und Susanna hat die Unterkunft bei einem privaten Gastgeber gebucht. Dieses Mal peinlich genau auf das richtige Datum geachtet.

Das Wetter bleibt trocken, angenehme 21, mitunter 25 Grad. In Deutschland tobt derweil eine Hitzewelle mit 35 Grad. Die Route führt entlang des Geiranger Fjords und bietet eine wundervolle Landschaft. Wasserfälle stürzen aus den Berghängen in den Fjord, Felshänge fallen senkrecht in die Tiefe und setzen sich unter Wasser genau so fort, während auf den Gipfeln noch Schnee liegt.

Wir fahren mit allen Antennen auf Empfang: Hochschalten, Gas geben, bremsen, runterschalten, wieder Gas geben. Der Trollstigen (Troll-Leiter), ein Ungetüm von in Felsen gehauenen Kurven auf 800 Metern, ist wohl die bekannteste norwegische Serpentinenstraße. Man muss unbedingt dort gewesen sein und könnte alle 50 Meter anhalten.

Hier trifft man Entscheidungen, auf welche Fotos wir *verzichten* wollen. Die Landschaft ist einfach der Hammer! Tja, wenn es nur nicht so viele Busse und Wohnmobile gäbe.

Ich bin nach 22 Jahren Motorradfahren immer sehr sicherheitsbewusst beim Überholen vor Spitzkehren. Oder ist das ängstlich?

9 Trollstigen

Deshalb fahre ich den Stigen ohne Fotostopp, nachdem ich die Reisebusse endlich alle überholt habe. George macht jedoch etliche Halts, schließlich ist *er* der Kameramann. Die Unterkunft zu viert in einem Zimmer unter dem Dach, juchhe - lässt uns in das Unvermeidliche fügen.

Es ist warm ohne die Möglichkeit, ein Fenster weit zu öffnen, Geschnarche und Geschwitze. Puh. Es riecht nach Menschen. Morgen sollten unbedingt wieder zwei Zimmer gebucht werden.

Ohne Reservierung geht gar nichts und wir müssen nehmen, was frei ist. Es lohnt sich allerdings, die Webseiten der Anbieter aufzurufen und nicht ständig booking.com zu nutzen.

Mein Problem, dass ich die Pin für die Secure App vergessen habe. Ich fordere sie per Brief neu an und meine Stieftochter muss sie später mir mitteilen. Am Nachmittag erreicht uns ein Gewitter mit beeindruckenden Blitzen und pechschwarzem Himmel, welches wir unter einem Scheunendach abwarten und danach eine Stunde mit Regenvollzeug durch prasselnden Regen fahren. Ich bin froh, als es vorüber ist und wir in Trondheim ankommen. Obwohl es die drittgrößte Stadt Norwegen ist, scheint der Verkehr gemächlich und übersichtlich zu sein. Sogar die Unterkunft finden wir schnell. Es ist das Living City Sentrum Hotel in der Nordre Gate 24. Mein TomTom findet die Straße sofort. Georges Garmin will verkehrt herum in die Einbahnstraße lenken.

Der Sprechfunk im Helm bezüglich klarer Anweisungen macht sich innerstädtisch oft bezahlt.

Das Haus ist akzeptabel, die Aussicht auf die Häuserfronten eher unspektakulär.

Das Hotel kommt gänzlich ohne Rezeptionspersonal aus. Wir begegnen nur den Reinigungskräften.

Man muss sich drei Codes merken, um alle Türen öffnen zu können. Das ist Hirnjogging für das Kurzzeitgedächtnis.

Ruedi löst Alarm aus, als er den Türöffner falsch bedient.

Rums! Alle Türen geschlossen. Gefangen. Eine Dame vom Reinigungspersonal setzt alles auf Anfang zurück und die Türen öffnen sich wieder.

In Trondheim, Norwegens dritt-größte Stadt

10 Blick von der alten Brücke Gamle Bybro am Fluss Nidelva.
Durch seine Windungen ist die Innenstadt von Trondheim fast
komplett von Wasser umgeben. Dies gibt der Stadt das
besondere maritime Flair. Die Holzhäuser sind ehemalige
historische Handelskontore.

11 Skulptur vor dem Kunstmuseum in Trondheim

In Trondheim wollen wir zwei Nächte bleiben. Es lohnt sich, diese historische, ehemalige Königsstadt anzusehen. Unser Einstieg in den Norden beginnt.

12 Nidarosdom, die Kathedrale in Trondheim. *Sie
ist die bedeutendste Kirche in Norwegen. Hier
wurden fast 1.000 Jahre lang die norwegischen
Könige gekrönt.*

Nachmittags sehen wir uns die Stadt an und es sind erneut Gewitter gemeldet.

Das Kunstmuseum hat vor dem Eingang eine merkwürdige Skulptur. Wahrscheinlich eine in Bronze gegossene Männerfantasie. In dem Käfig der Penisverlängerung liegt ein Kopf. Was wollte der Künstler wohl damit sagen?

Die Ausstellung im Museum selbst sagt mir persönlich nichts. Ich hatte mich auf Bilder gefreut. Stattdessen gibt es Bronzeköpfe in Sitzsäcken, mit allerlei Stofffetzen behängte Hölzer und deren Künstler in wandgroßen Konterfeis abgebildet. Hat sich nicht gelohnt.

Ruedi läuft nicht gerne zu Fuß und leiht sich einen E-Scooter. Susanna fährt ein Stück mit ihm hinten drauf. Ich lasse mich auch überreden. Dabei geht meine Lesebrille im Ausschnitt zu Bruch, aber sonst ist alles gut.

»Du musst mal lockerlassen, nicht immer so verkrampfen!«, sagt er. *Hm. Okay.*

Gegenüber vom Hotel ist ein Grillrestaurant. Warum lange suchen? Das Essen ist fantastisch und es gibt sogar Weißbier vom Fass. Wer gerne Weizenbier trinkt, dem kann ich das Kronenbourg Blanc nur empfehlen, Zitrone ist schon enthalten. Der Preis ist happig. Umgerechnet 12,50 Euro für 0,5 Liter. *Alles klar?*

43

In Trones

Am Mittwoch, 12.07.2023, geht es weiter zum Familienpark in Trones, die E6 entlang, die östlich von Trondheim laut TomTom mautpflichtig sein soll, ich kann davon nichts bemerken. Es tröpfelt den ganzen Tag so vor sich hin, aber Regenzeug brauchen wir nicht. Angenehme 20 Grad. Aus der Stadt raus rollen wir in ungewohnt dichtem Verkehr mit LKWs und zahlreichen Baustellen. Die Tunnel sind warm und staubig. Sind wir so gar nicht gewohnt.

Beim Tanken geht plötzlich mein Zündschlüssel verloren. Als ich den Tank öffnen will, ist er nicht mehr im Zündschloss. Panik ist nicht angesagt, er muss ja irgendwo sein! Ich leuchte mit der Handylampe durch das Kabelgewirr unter dem Tank. Nichts. Lege mich auf den Bauch und spähe unter die Sturzbügel. Nichts. George findet ihn. Er hängt über der rechten Soziusfußraste. *My Godness*. Ich muss ihn beim Abziehen des Tankrucksackes nach hinten befördert haben. Hatte sich im Griff der Tanktasche verheddert. »Wieso hat der denn so eine lange Schnur mit Anhänger?«, knurrt mein George.
Warum sind die Dinge, wie sie sind? Na, weil sie schön sind.

Ruedi hat eine einsame Parallelstrecke ausgesucht, um die – zugegeben - langweilige E6 zu umfahren. Mitunter kräftige Winde und lange Brücken. Toll! Die Windgeschwindigkeiten werden am Brückenanfang auf einem Display angezeigt, jetzt nur um die 3-4 km/h. Und keine Böen mehr.

13 Eine der zahlreichen Brücken mit steilem Anstieg.

Trones liegt wunderschön am sechstgrößten See von Norwegen. Der Namsskogan-Tierpark ist ein Traum für Familien mit Kindern. Klettertürme, Spielplätze Wanderwege und Wildgehege mit Bären. Leider bleiben wir nur eine Nacht. Das ist der Nachteil von Kilometerfressen in den hohen Norden.

Unser Zimmer hat das Bett im Alkoven mit einer sehr dunstigen Luft dort oben. Susanna ist seit gestern Abend erneut Großmutter geworden. Ihr Großkind Karla ist da.

Wir feiern das im Restaurant in Fettbudenqualität mit Bier, Hamburgern und leckeren Pommes. Mit Pommes kann man ja nichts falsch machen, an Hamburgern auch nicht.

Nach Mo-i-Rana

Nachts hat es geregnet und die Luft auf dem Alkoven ist morgens so schwer wie ein nasser Elch. Ich habe schlecht geschlafen und Blödsinn geträumt.

Susannas Schwiegertochter hat das Baby mit der Post geschickt, damit Susanna es sich anschauen kann. Und Ruedi packt es ins Topcase. Und ich suche verzweifelt nach Nahrung für das Kleine. Bekloppt, oder?

Georges Route von Trones nach Mo-i-Rana fährt sich toll. Wir cruisen fast alleine über eine nummernlose buckelige Single Road und durch ein lichtes Sumpfgebiet mit einigen Seen. Hier erst treffen wir auf die ersten Mücken. Susanna erblickt einen Elch! Als sie ihn fotografieren will, geht er gemächlich in den Wald zurück und verschwindet. Ja, Sozias sehen mehr.

Dieses Land ist schier unglaublich. In Mo-i-Rana
übernachten wir im Best Western Hotel. Modern und
ansprechend, die Nacht mit Frühstück kostet 1.300
NOK. George geht spazieren und verläuft sich, er wollte
sowieso nicht mit zum Abendessen kommen. Aha.
Hätte er ja mal Laut geben können. *Allmählich gehen
mir die Männchenzickereien auf die Nerven.* Bei der
Routenplanung wechseln sich die Männer ab, bei den
Hotelbuchungen sind wir Frauen gefragt. In der Hauptsaison sind sogar die Campingplätze und Hütten ausgebucht. Schade. Ich hätte so gerne mal in einer eher
primitiven Hütte auf einem Platz übernachtet.

*14 Findling auf einer
Wiese. In seinem Schatten
liegen Schafe.*

Nach Bodø

Wir müssen uns bald die Karten legen wegen der Rückreise. Von Bodø aus fahren wir auf die Lofoten. Es ist Donnerstag, 12.07.2023. Bis zum 04.08.2023 müssen wir zurück sein. Tägliche Diskussionen über Route, Tageskilometerpensum und Endziel. Zum Nordkap will außer Ruedi niemand. Dann kommt noch Kirkenes dazu, an der russischen Grenze. Ruedi hat auf einmal diese Idee. Von uns will auch da keiner hin.

Im Gegenteil, von Putin Land möchte ich mich ganz fernhalten. Mal sehen, wie das wird. Etwa 80 km nördlich der Stadt Mo-i-Rana verläuft in einer öden Gebirgslandschaft namens Saltfjellet der Polarkreis.

Zur Mittagszeit bei 12 Grad überqueren wir die imaginäre Linie, die auf 66,5 Grad nördlicher und 66,5 Grad südlicher Breite um die Erde verläuft. Der Polarkreis ist in Skandinavien *der* Breitengrad, hinter dem die Tageslänge im Sommer immer weiter ansteigt, so dass die Sonne *nie* hinter dem Horizont versinkt.

Quelle:

https://unterwegens.de/der-polarkreis-in-norwegen-66 -grad-nord-uberqueren_11393.html

Das *Saltfjellet*-Gebirge liegt genau auf dem Polarkreis und gehört zu einem der größten Parks Norwegens – dem *Saltfjellet - Svartisen* - Nationalpark.

Alte Opferplätze, Fallgruben und Reste von Steinmauern zeugen davon, dass die Samen das Gebiet schon über Jahrhunderte als Jagd- und Weideland nutzten. Ferner findet man im *Saltfjellet* die meisten natürlichen Karst-Grotten in Norwegen. Ein weiteres Highlight ist der *Svartisen* - Gletscher, der mit rund 370 km² die zweitgrößte Eismasse Norwegens ist.

Der Polarkreis markiert auch die ungefähre südliche Grenze der Nordlichter (»AuroraBorealis«), die allerdings nur an klaren Winternächten beobachtet werden.

15 Arctic Center am Polarkreis

Das »Arctic Circle Center« - bei 66 Grad, 32 Minuten nördlicher Breite - ist einen Abstecher wert! Diese Location befindet sich direkt neben der E6 und bietet ein kleines Restaurant mit lokalen Spezialitäten.

Ferner gibt es dort ein Kino, eine Ausstellungshalle mit ausgestopften Tieren, Informationen über den Polarkreis und einen Souvenirshop, der auch Bekleidung, vor allem die traditionellen Norwegerpullover anbietet. Von Mai bis September ist er täglich geöffnet. Ich kaufe mir ein Stirnband aus Wolle. Der Touristenrummel hält sich erfreulicherweise in Grenzen.

Um 16:00 Uhr kommen wir in Bodø an und fahren zunächst zum Fähranleger nach Moskenes auf den Lofoten. Wir hoffen, Tickets für morgen schon kaufen zu können, oder zumindest reservieren. Die Fähre hat acht Abfahrtszeiten in 24 Stunden. Eine davon legt um 3:00 Uhr nachts ab.

»Geht doch. Wird ja nicht dunkel«, sagt Ruedi.

Kommt nicht in Frage. Wir schauen auf dem Fahrplan die Zeiten an, um 11:00 Uhr wäre günstig.

Reservierungen funktionieren aber nur für die Hälfte aller Buchungen und sind schon ausgebucht. Bleibt nichts anderes, als auf gut Glück morgen früh am

Ableger zu stehen. Wir übernachten im Radisson Blu, in der Nähe des Hafens. Es schüttet inzwischen wie aus Eimern. Das Abendessen nehmen wir beim Japaner ein, wobei George keinen Hunger hat und im Zimmer verbleibt. Die Sushis sind echt köstlich und ich freue mich, dass es mal ohne Pommes geht. Was total bescheuert ist: In fast allen Hotels lassen sich die Fenster nur auf Kipp öffnen. Eine richtige Lüftung funktioniert auch nicht. Im 8. Stock hätte ich ja Verständnis ob irgendwelcher Selbstmörder. Aber selbst im Erdgeschoss ist das so.

Berge im Meer – die Lofoten

Um 09:30 Uhr stehen wir am Fährhafen bei den anderen Motorrädern. Wir sind keineswegs die Ersten. Die Reservierungen haben eine eigene Spur. Die Mitarbeiter der Reederei kommen zu uns und wir müssen unsere Namen in ein Mikrofon sprechen. So lernt man Menschen kennen. Das sorgt für Belustigung rundherum. Aber auch für Optimismus hinsichtlich der Mitfahrmöglichkeit. Scheint so, als könnten wir diese Fähre nehmen und müssten nicht die Zeit bis zur nächsten Abfahrt um 15:00 Uhr totschlagen.

Bezahlt wird die Überfahrt auf dem Parkplatz, mit Vorhalten der Kreditkarte und Handyfoto vom Nummernschild. Das Verfahren ist überall in Norwegen bei Fährüberfahrten standardisiert und geht ziemlich flott. Kein Papier, nur Scan und Foto. Die Norweger sind uns in Deutschland mit *cashless* echt voraus. Mit Bargeld zu bezahlen ist fast anrüchig. Da wird man komisch angeguckt.

16 Pausen müssen sein.

George ist auf das Oberdeck dirigiert worden, Ruedi und ich fahren eine Etage tiefer in den Rumpf des Schiffes. Sicherheitshalber schaue ich mir an, ob die rausfahrenden Motorradfahrer den Kopf einziehen.

Müssen sie aber nicht. Erinnert mich so an den Autoreisezug in Düsseldorf. Bei dieser Fähre ist der Komfort geringer. Die Maschinen gurten wir selbst an. Zwei Motorradfahrerinnen aus München sind mir behilflich, eine von ihnen war mal Mitfrau bei den Women on Wheels am Münchener Stammtisch.

17 Heuschober am See

Diese Gurte! Mit diesen Ratsch Verschlüssen kam ich noch nie zurecht, weil ich die Dinger mit meinen Fingern nicht aufklappen kann.

Das Schiff schwankt zwar ordentlich hin und her, aber die Überfahrt von gut drei Stunden verläuft dennoch ruhig. Bei der Ankunft in Moskenes rutsche ich beim rückwärts Rangieren der Tiger auf dem glatten Schiffsboden weg.

53

Fast hätte ich gelegen, komme nicht vom Fleck und winke Ruedi um Hilfe herbei. Der bemerkt das leider nicht. Aber ein ritterlicher BMW-Fahrer hilft mir durch Ziehen am Heck. Puh. Mann, wo ist denn mein George? Ich habe doch betreutes Fahren gebucht …

Es regnet beim Runterfahren, mitunter sogar heftig. Die beiden Garmins der Männer sind nach dem Anlegen in den Streik getreten, ihre Bildschirme bleiben dunkel. Ich muss vorfahren. Eine halbe Stunde später nach einer kurzen Pause mit Fotostopp funktionieren sie wieder und George fährt vor. Diese Garmin-Technik muss man nicht verstehen. Susanna hat ein Hotel in Stamsund gebucht, 75 Kilometer vom Anleger in Moskenes entfernt. Das Straßennetz ist ja wirklich übersichtlich hier. Die Lofoten - das ist Norwegen kompakt! Die Berge ragen wie Denkmäler bis zu 1.200 Meter aus dem Meer. War bisher die Landschaft einfach hammermäßig, so wird das mit den Felsen, die aus dem Atlantik aufsteigen, noch vielfach getoppt! Außergewöhnlich.

Dazwischen grüne Wiesen, Sandstrände, Birken- und Kiefernwälder und Fischerdörfer. Laut Reiseführer ist der Fischfang so zurückgegangen, dass die Arbeit auf den Inseln nicht mehr für alle Fischer reicht. Die Einnahmen des Tourismus sollen es verbessern. Rorbu (Plural: Rorbuer) ist die norwegische Bezeichnung für eine nur saisonal genutzte Fischerhütte.

Die Hütten sind inzwischen für die Touristen luxuriös umgebaut, sie stehen meistens wassernah auf Stelzen.

Auf den Lofoten geht man von etwa 100 Hütten aus, die nie von Fischern bewohnt, sondern ausschließlich für den Tourismus errichtet wurden.

(Quelle: Wikipedia). Leider war keine mehr buchbar.

18 Anlegen der Hurtig-
ruten, nachts um halb eins.

Irgendwann ist Ruedi nicht mehr hinter uns. George fährt zurück, weil es ihm zu lange dauert. Hoffentlich ist nichts passiert und nur ein banaler Grund, wie beispielsweise eine dringende Verrichtung erforderlich.

Nein. Die beiden hatten sich spontan zu einem Einkauf entschlossen, weil ja morgen Sonntag ist. Wäre halt gut gewesen, das vorher anzukündigen. Susanna entschuldigt sich.

»George hat sich Sorgen gemacht!«, sage ich und schüttele den Kopf.

So fahren wir schließlich zum gebuchten Hotel weiter. Alle Zimmer voll belegt. Der Ort mit zirka 1.400 Einwohnern ist der bedeutendste Fischerort der Westlofoten, aufgrund der Stockfischverarbeitung und dessen Export. Hier legt zweimal täglich die Hurtigruten, das ehemalige Postschiff an. Im örtlichen Supermarkt in Hotelnähe ist wie in ganz Norwegen der Alkoholverkauf nur bis 18:00 Uhr gestattet. An der Kasse müssen wir die Bierdosen wieder zurückbringen. Der Kassierer kann es nicht buchen. Na, das sind ja Regeln hier.

Soll so das Komasaufen zum Wochenende verhindert werden?

Ich glaube, heute Abend wird es bei der weiteren Routenplanung krachen.

Wer fährt wohin, alleine oder zusammen, Nordkap oder nicht? Und ja – genauso ist es.

Die Detailkarten von Norwegen Nord lege ich im Lokal demonstrativ auf den Tisch. Keiner tastet das Thema an. Also los.

19 Steg in Stamsund, Lofoten.

»Wo fahren wir morgen hin? Zum nördlichsten Zipfel der Insel? Wollt ihr beide alleine zum Nordkap fahren? Sollen wir uns dann in Alta wieder treffen?«, presche ich vor. *Rumms.* Und los geht's.

»Ich fahre nur noch hinterher, ich plane nichts mehr. Jeden Tag diese Diskussionen um Kilometer und Ziele, ja oder nein. Macht, was ihr wollt. Ist mir egal!«, poltert Ruedi los.

Doch wenn schon jemand betont, dass es ihm egal ist, dann kann man sicher sein, dass es das ganz bestimmt nicht ist.

»Wenn du dann aber jeden Tag schlechte Laune hast, ist das nicht egal«, sage ich ruhig.

»Wenn dich meine Laune ärgert, kann ich es auch nicht ändern.«

Na ja, aber gerade das wäre doch zu ändern? Am besten gleich.

»Ja, das ärgert mich. Jeden Tag schlechte Laune kann ich nicht ertragen.«

»Ich gehe jetzt. Es reicht!« Ruedi steht auf und verschwindet nach draußen.

»Aber du hast doch bestellt!«, ruft Susanna hinterher.

»Na und? Ich zahle es ja auch.« Seufzend bleiben wir zurück. Susanna und George wollen nicht ans Nordkap und ebenso wenig nach Kirkenes an Russlands Grenze. Ich trinke mein Bier. Noch immer sehr zu empfehlen, das zitronige Blanc von Kronenbourg. Beschwichtigt in konfliktträchtigen Diskussionen in holprigem Kommunikationsgelände.

»Eine Tour orientiert sich immer am schwächsten Fahrer«, sagt George. *Klar, das bin ich.*

Meine rheumatischen Hände brauchen oft Pause vom Gasgriff und die Kraftlosigkeit beim Halten der schwer bepackten Maschine sind nicht zu übersehen.

Ich bemerke, dass Ruedi nicht gegangen ist, sondern draußen auf dem Bänkli sitzt und raucht. Ich gehe zu ihm.

»Ich will mich hier nicht jeden Tag erklären, warum ich nicht so viele Kilometer fahren will«, sage ich zu ihm, noch ruhig.

»Du brauchst dich nicht zu erklären! Ich fahre nur noch hinterher. Ich mache keine Routenplanung mehr! Wenn es mir nicht mehr passt, fahre ich alleine weiter.«

»Dann vergiss aber nicht, vorher Bescheid zu sagen, damit George euch nicht suchen fährt!«

Das sage ich nicht mehr ruhig, sondern laut und verständlich, auch für die anderen Gäste. Hoffentlich verstehen die kein Deutsch. Meine Blicke fahren schwere Geschütze auf. Ruedi steht auf und marschiert wieder rein. *So what.*

Jedenfalls ist es jetzt gesagt. Mir kommt der Gedanke, dass wir besser schon morgen getrennte Wege fahren. Puh, was für ein Sch … Das Essen macht mir nicht mehr richtig Spaß, abgesehen davon, dass der Backfisch von altem Fett nicht nur trieft, sondern der Heilbutt nach nichts schmeckt, ist mir der Appetit auch so vergangen. Ich bezahle und gehe ins Hotel. Es reicht.

In Stamsund - Lofoten

Ich habe gut geschlafen, trotz der späten Diskussion mit George. Ich solle doch nicht so beleidigt sein, warum denn der plötzliche Aufbruch? Wie? Darf hier nur einer plötzlich gehen und beleidigt sein? Verstehe ich nicht.

Ruedi ist gestern Abend losgefahren, um die Mitternachtssonne zu sehen. Er hat sie aber nicht gefunden. Ich habe ihm sogar noch gewunken.

Kennt ihr die Sage von dem Ritter Parzival? Wörtlich: »Derjenige, der das Tal durchbricht«.

Er suchte den Heiligen Gral, ein wundertätiges Gefäß, das mit dem heiligen Abendmahl in Verbindung stand und Erlösung versprach.

Der Gral wurde vom Gralskönig bewacht, der an einer mysteriösen Krankheit litt. Von dieser konnte er nur geheilt werden, wenn ihm jemand die Frage nach seinem Wohlergehen stellte.

Parzival traute sich aber aufgrund seiner höfischen Erziehung nicht, zum passenden Zeitpunkt einem König die passende Frage zu stellen.

Und die war im Prinzip so bescheiden wie banal.

»Wie geht es euch?«

Das war die Mitleids- und Erlösungsfrage. Weil Parzival keine Fragen stellte, fand er den Gral nicht und der König litt weiter.

Ist das nicht tragisch? Will sagen, das, was ich nicht aussprach, bedauerte ich mehr als – natürlich nur bei stubenreinen Motiven - vielleicht brisantes Heraus- schleudern von - zugegeben - *meinen* Wahrheiten.

»Wenn ich nicht da bin, gibt es auch keinen Streit«, sagt Ruedi beim Frühstück.

»Ich kenne noch andere streitbare«, kommentiert George gelassen.

»Dann streiten wir uns jetzt schweigend«, schlägt Ruedi vor.

Ich muss schallend lachen. Typisch Ruedi. Das Eis ist gebrochen und die Stimmung schlagartig wieder hell.

Ich bin dran mit der Hotelbuchung und hoffe, dass jetzt meine Kreditkartenzahlungen mit secure App funktionieren. Und siehe da, ab sofort brauche ich sie nicht mehr, es funktioniert ohne Vorauszahlung.

Morgen geht es nach Andenes ganz im Norden der Inseln und danach mit der Fähre nach Gryllefjord. Man glaubt es kaum, aber bis zur nördlichsten Stadt sind es 275 Kilometer! Ganz schön groß, die Lofoten bzw. die Vesterålen, die weniger bekannte Inselgruppe, die mit den Lofoten in einem Atemzug erwähnt wird. Es han- delt sich hier jedoch landschaftlich und wirtschaftlich um zwei unterschiedliche Regionen.

Nach dem Frühstück gehen Susanna, George und ich spazieren und erkunden den Ort und den Hafen.

Stamsund ist nicht nur ein Fischerort, sondern in Hotelnähe stehen ein internationales Theater und das Atelier des Künstlers Ulf M. (keine Ahnung, wofür das »M« steht), direkt an der Durchgangsstraße innerorts. Der Blickfang neben der Künstlerwerkstatt ist ein ausrangierter Fiat 500, in dem drei lebensgroße Puppen sitzen. Die Figuren enthüllen sich als der gefesselte Trump auf dem Beifahrersitz, Putin auf dem Rücksitz mit leeren Augenhöhlen und der Fahrer mit seinen aufgerissenen Glubschaugen ist Rubberface Mr. Bean.

20 Ulf M's Fiat.

Es erinnert mich an das Auto im Innenhof des Dali-Museums in Figueres. Dort sitzen ebenfalls Schaufensterpuppen drin, bei Münzeinwurf regnet es *im* Auto. Raffiniert. So lässt sich auch Geld verdienen.

21 Satire: Zwei gefährlich bekloppte Präsidenten und ein Komiker.

Wir wandern weiter, klettern dabei über Felsen, doch die Kraxelei klappt nicht mehr so gut wie vor 20 Jahren. Schade eigentlich.

Wandertouren wären hier echt angebracht. In dem Supermarkt, der am Sonntag geöffnet hat, kaufen wir einen kleinen Mittagsimbiss. Der Alkoholverkauf ist sonntags ganz verboten und die Regale vergittert. Dachte ich mir schon.

Ulf mit dem mysteriösen »M«, den Künstler des Fiats mit den Figuren, treffen wir auf dem Rückweg. *(Art object, Ulf M car installation, village Stamsund, Lofoten, Norway).* Seine eigenwilligen Bilder, abstrakte, bunte Porträts mit schiefen Gesichtern, (das Ohr ist fast direkt an der Nase, der Mund auf der Wange) hängen im gesamten Hotel in den Fluren, im Treppenhaus und im Speisesaal.
Bilder des Künstlers hier:
https://www.lofot-tidende.no/besoksrekord-hos-ulf-m-i
-stamsund-aldri-vart-sa-mye-nordmenn-innom-og-de-k
ommer-nok-tilbake-til-neste-ar/s/5-28-249973
wir unterhalten uns angeregt über seine Kunst und das Auto mit den bekloppten Präsidenten und dem Komiker. Ich finde die Idee einfach genial.
Was Ulf M. damit sagen will, erfahre ich allerdings nicht. Dafür reicht mein Vokabelschatz leider noch nicht. Seine Gemälde und ein weiteres Foto von Ulf M. findet ihr hier:

22 Unsere Unterkunft auf den Lofoten.

George und ich gehen heute Abend nicht essen. Der Imbiss mit Brot und Krabbensalat in dicker Mayo war reichhaltig. Susanna kommt später zu uns ins Zimmer und erzählt, dass Ruedi nicht zufrieden ist.
Ja, das war deutlich zu merken, wollte nur keiner zugeben. Die beiden möchten jetzt doch eine andere Route fahren, womit ich sehr einverstanden bin. Auch George ist nicht überrascht.

Das bedeutet, wir trennen uns zunächst mal, und zwar in Gryllefjord, wenn wir die Vesterålen in Andenes wieder verlassen.

23 Ankunft in Gryllefjord

Nach Andenes – 245 Kilometer in den Norden zu den Vesterålen

Die Vesterålen schließen sich den Lofoten an und liegen zirka 300 Kilometer nördlich des Polarkreises. Andenes liegt auf der Insel Andøya und ist der nördlichste Punkt auf den Inseln.

Der heutige Tag verspricht uns eine Regenfahrt. Die Wolken hängen tief, es sind gerade mal 12 Grad. Also die Merinowolle Unterwäsche angezogen. Den Blick stur auf die regennasse Straße gerichtet, gönne ich mir nicht den kleinsten Seitenblick. Das ist schade.

24 Maroder Charme eines alten Kahns.

Wir sind also schon weit nach Norden gekommen. Unsere Unterkunft in Apartments mit umlaufenden Balkonen erreichen wir gegen 17:00 Uhr. Check-in ist in einem Hotel im Zentrum. Die Sonne scheint wieder. Ich habe alle Handschuhe aus dem Top Case rausgeholt und in die Sonne zum Trocknen gelegt. Meine Regenhose ist nicht mehr dicht im Schritt, entsprechend ist die Nässe den ganzen Rücken hochgezogen.

Immer geben die Regensachen im Urlaub auf, niemals zuhause. Sobald wir einen Baumarkt finden, wird eine neue Hose gekauft. Ich hasse es, in nasser Unterwäsche zu fahren. Na, wem gefällt das wohl? Das italienische Restaurant unweit unseres Apartments ist zu empfehlen.

Am nächsten Morgen heißt es früh aufstehen. Die Fähre legt um 08:45 Uhr ab, bedeutet, um 08:00 Uhr losfahren. Der Fähranleger ist quasi um die Ecke unserer Unterkünfte. Geplant war, auf der Fähre zu frühstücken. Leider gibt es keinen Service und die Kaffeemaschine ist *out of order*. Also wird im Hafen von Gryllefjord ein dünner Kaffee aus der Pumpkanne und ein trockenes Brötchen zum Magen befüllen eingenommen. Dazu noch eine längere Unterhaltung mit einem deutschen Motorradfahrer, der in der Schweiz lebt.

Er ist allein unterwegs, kommt vom Nordkap und hat offensichtlich ein großes Bedürfnis nach deutscher Kommunikation. Er erzählt nämlich ohne Unter-brechung.

Dann trennen sich unsere Wege, der Abschied voneinander ist herzlich, alle sind zufrieden und vermutlich erleichtert über die jetzige Situation.

Nach Tromsø – jetzt zu zweit

Für George und mich geht es jetzt alleine weiter nach Tromsø, Norwegens größte Stadt nördlich des Polarkreises. Es bleibt trocken. Das Straßennetz ist übersichtlich, die Kurven reichlich und die unbe-leuchteten Tunnel gruselig.

Auf einer langen Geraden sehe ich eine Kamera am rechten Straßenrand, etwas verborgen in einem Graben. Eine Laserpistole! Die wird bedient von einem Mann im Flecktarn. Den sieht man erst kurz vorher. Der Tempomat arbeitet korrekt, so dass ein Bremsmanöver überflüssig ist. Deshalb Vorsicht an langen Geraden mit Geschwindigkeitsbeschränkung von 60 km/h, da stehen sie besonders gerne. Die Norweger zocken im Gegensatz zu den Schweden regelrecht mit Bußgeldern ab.

Die Schweden erwarten nur, dass an gefahrgeneigten Stellen langsam gefahren wird und weisen auf die Radarfallen lange vorher hin. Bei uns werden Bußgeldeinnahmen im kommunalen Haushalt budgetiert, in der Schweiz übrigens auch.

Bei der Routenplanung hat George im Garmin einen Punkt gesetzt, der sich als Sackgasse erweist.

Wir fahren durch einen Tunnel, der wegen Enge und mangelnder Beleuchtung für mich eine Herausforderung ist. Meine Sehkraft hat bei plötzlicher Dunkelheit eine Verzögerung hinsichtlich der Adaption. Alt werden ist echt nicht toll. Die ersten paar Meter sind ein Blindflug. In der Aufregung finde ich den Fernlichtschalter nicht. Nicht nur, dass die Straße im Tunnel eng ist, nein, es ist eine richtige Buckelpiste. Autos und Motorräder passen nicht nebeneinander. Man ist auf die Ausweichstellen angewiesen.

Mein TomTom mahnt unermüdlich »wenden, wenden, wenden!« Damit hat er meistens recht. Also wieder zurück. Dank der Sackgasse fahren wir diesen Monstertunnel von 1,2 Kilometer Länge zweimal. Doch wie treffend der Satz: Beim zweiten Mal geht es schneller. Plötzlich landen wir an einer Straßensperrung. Ratlose Auto- und Wohnmobilfahrer. Ein Fahrer fragt uns, (echt jetzt?), was da los ist. George ist schon neben der Absperrung durchgefahren.

Ich bleibe stehen. In 100 Metern Entfernung sehe ich einen Bagger mitten auf der Straße. Das wird doch nichts.

»Da kam uns eben ein Auto entgegen. Ehrlich«, sagt George. »Wir können da durchfahren, das passt!«

Ich lasse mich überreden, Gatte George fährt die Tiger durch die enge Öffnung.

Ich bin immer noch nicht überzeugt. Unerwartet öffnet ein Bauarbeiter die Barke und lässt einen PKW durch.

Aber — falsch gedacht. Es ist ein Arzt, der in einem Krankenhaus an dieser Straße arbeitet.

Alle anderen sollen umkehren oder zwei Stunden warten. Na, was bleibt da? Wir drehen erneut. Von wegen, es sind ja nur 175 Kilometer bis Tromsø!

Typischer Fall von Irrtum. Gegen 16:45 Uhr kommen wir endlich in der Stadt an. Sie liegt im Landesinneren, umgeben von Meeresarmen, gut versteckt zwischen Nordkap und Lofoten auf einer Felskuppe, der Insel Tromsøya. Im Westen führt eine riesige Brücke hinein, nach Osten taucht die Straße 862 unter den Fjord. Die Baukunst der Norweger ist wirklich mutig.

Respekt!

Mehrere unterirdische Kreisverkehre in maximal erleuchteten Tunneln. Zahlreiche kühne, lange und hohe Brückenbauten, die die Insel Tromsøya mit dem Festland verbinden.

Dabei mit ihren steilen An- und Abstiegen den großen Kreuzern die Durchfahrt ermöglichen. Die Lage der Stadt ist einmalig. Und bis Finnland und Schweden ist es nicht mehr weit.

Wir steigen im Viking Hotell (mit zwei L) in der Gronnegata, der Hauptstraße des Zentrums, ab. Gegenüber liegt die Mack Brauerei, die ehemals nördlichste Bierfabrik der Welt, von dem Deutschen Ludwig Markus Mack gegründet. Wahrscheinlich, weil er biertechnisch sonst auf dem Trockenen gesessen hätte. Die *nördlichste* Brauerei der Welt ist übrigens die Svalbard Bryggerei in Spitzbergens Hauptstadt Longearbyen.

Das Hotel ist mit 640 NOK pro Nacht pro Doppelzimmer das bisher preiswerteste für uns. Ich buche gleich noch eine Nacht dazu. Das Frühstück gibt es für 180 NOK als Breakfast Bag aufs Zimmer, den Kaffee müssen wir aus der Kanne zapfen. Was freue mich auf unseren Vollautomaten zuhause! Die Norweger sind meines Erachtens die Erfinder der Pumpkanne, die stehen quasi überall, in Supermärkten, Raststätten, Hotels. Wie kann man das dem Kaffee nur antun?

Die Parkgebühren schlagen mit 500 NOK (zirka 50 Euro!) Für zwei Motorräder und zwei Nächte zu Buche. Wer jetzt an eine Hotelgarage denkt, liegt falsch.

Etwas abseits vom Hotel auf einem geschotterten Parkplatz müssen sie platzsparend hintereinander gestellt werden und benötigen eine Platte unter den Seitenständern, sonst kippen sie um. Den Parkausweis klemmen wir hinter die Scheibe. Bei diesen Gebühren kommt mir der Zimmerpreis fast kostenlos vor.

Aber ein Ticket wegen Falschparkens kostet 80 Euro! »Hier wird alles abgeschleppt«, sagt uns der freundliche Rezeptionist.

Aber ich finde das ja eigentlich okay. Rigoros, die Norweger. Autos raus aus den Innenstädten! Und Parkplätze in Grünflächen umwandeln.

Da können sich die ewig zaudernden Deutschen mal was von abschneiden. Aber in unseren Städten wird ja schon »Unzumutbar« geschrien, wenn eine Spur zur Fahrradstraße umgewidmet wird.

25 Arctic Museum in
Tromsø   73

26 Statue von Roald Amundsen

Gegen Mittag machen wir uns auf den Weg durch die Stadt. Vormittags schläft Norwegens City noch.

Das Zentrum ist nur ein paar Hundert Meter entfernt. Wir laufen zum Hafen, dort liegt ein Riesenschiff der Hurtigruten am Anleger. Sehr buntes Treiben hier. Wir wandeln am Kai entlang und suchen das Arctic Museum, welches die Geschichte der Polarforscher Amundsen, Nansen und Heyerdahl ausstellt. Sehr interessant, wirklich zu empfehlen. Die Behausungen der Polarforscher und der Robben- und Eisbärjäger während ihrer Zeit auf Spitzbergen oder auf dem Weg zum Nordpol sind Teil der Ausstellung und mit Wachsfiguren dargestellt.

Sehr detailgetreu, wenn ich mir die Hände der Figuren anschaue. Man sieht die blau-roten Kälteschäden. Das Innere der Baracke mit Etagenbett und Schlafsäcken ist betretbar, sogar der Ofen gibt Bruzzelgeräusche von sich.

27 Achtet auf die Kälteschäden der Hände!

Was für ein karges und anstrengendes Leben im Kampf gegen die Kälte. An den Wänden hängen viele Originalaufnahmen von Expeditionsschiffen, abgemagerten Schlittenhunden, Zelten und am Polarkreis aufgestellten norwegischen Nationalflaggen. Man muss sich ja vorstellen, dass es keine Goretex-Bekleidung gab. Die Menschen behingen sich mit Fellen von Eisbären und mit Walrosshaut. Amundsen wird als Held angesehen.

Auch Fotos seiner Eltern sind ausgestellt. Der Walfang, die Robben- und Walrossjagd waren die Nahrungsquellen. Das riesige Skelett eines Walrosses mit den merkwürdig nach hinten verbogenen Fußgelenken ist beeindruckend. Ferner sieht man Fotos von Thor Heyerdahl, Fridtjof Nansen und Willem Barents.

Heyerdahl war ein norwegischer Forschungsreisender, Archäologe, Anthropologe, Ethnologe und Umweltaktivist. Er gilt als *der* Wissenschaftler, der die experimentelle Archäologie etablierte und einer breiten Öffentlichkeit zugänglich machte. Weltweit bekannt wurde Heyerdahl durch seine Kon-Tiki-Expedition, auf einem Floß aus kolumbianischem Balsaholz. Er starb 2002.

In seiner Tätigkeit als Polarforscher durchquerte **Nansen** 1888 als Erster Grönland über das Inlandeis.

Für seine Verdienste um die internationale Flüchtlingshilfe erhielt er 1922 den Friedensnobelpreis.

Willem Barents war ein niederländischer Seefahrer und Entdecker des späten 16. Jahrhunderts. Nach ihm wurden die Barentssee, die Barentsinsel und die Bergarbeitersiedlung Barentsburg benannt. Willem Barents gilt als Entdecker Spitzbergens.

(Quellen: Wikipedia)

In dem Fischlokal am Hafen essen wir zu Mittag. Ein zirka 20 Meter langes Aquarium mit riesigen Fischen kann man dort bewundern. Lachse kann ich erkennen, die schwarzen Fische sind mir unbekannt. Ich bestelle frische Shrimps mit Brot und einem Dip. George erhält drei runde Muscheln als kleine Gesellen, die zwar lecker, aber nicht sehr sättigend sind. Meine Schale ist voll, so teilen wir das Essen in unserer ehelichen Gemeinschaft. Mann, das ist lecker! Für Fischliebhaber *das* Paradies. Abends besuchen wir die zweitnördlichste Brauerei der Welt, Ludwig Mack.

Am Eingang ein ausgestopfter Eisbär, der es George angetan hat. Im Hintergrund laute Rockmusik der 80er und 90er. Der Pub gefällt uns. Die brauen sogar Weizenbier.

28 George trinkt Bruderschaft.

Nach Skibotn – 153 Kilometer

Heute ist Donnerstag, 20.07.2023. Am Morgen beim Beladen der Maschinen sehe ich eine Politesse, die fleißig alle Autos mit Tickets bestückt. George hat die Motorräder vor das Hotel geholt, die Parkausweise liegen schon im Papierkorb. Ups. Die Politesse informiert mich, dass das Parkverbot sowohl für Autos als auch für Motorräder gilt. Ich bedanke mich brav nickend für diesen Hinweis, auf den ich ja von selbst nicht gekommen wäre, und schleime mich ein.

»Yes Officer, thank you Officer!«, und erkläre ihr, dass wir im Viking Hotel übernachteten und nach dem Packen sofort losfahren werden. Wir parken nicht, wir halten nur. Sie lässt sich darauf ein und uns ziehen. Glück gehabt.

Die Bikes sind von den Hinterlassenschaften der Möwen ziemlich gesprenkelt. Meine vormals schwarze Tiger sieht jetzt aus wie ein Dalmatiner.

George meint, dass wir das unterwegs bei Gelegenheit unbedingt entfernen müssen, weil der Kot ätzend auf das Metall wirkt. Es ist kühl heute Morgen, aber trocken. Aus Tromsø raus wird es noch kälter, kurzzeitig sogar nur 9 Grad. Ich habe wieder mal die Heizgriffe an. Die Route führt landschaftlich schön, aber fahrerisch unspektakulär über die E06.

Wir kommen recht früh im Skibotn-Hotel an, es ist erst 13:30 Uhr.

Das Gebäude sieht etwas – nun ja – ramponiert aus.

Schiefe graue Gardinen, schmutzige Scheiben. Haben die überhaupt geöffnet?

Wenn wir nicht gebucht hätten, würden wir gleich wieder losfahren. Beim Reinkommen aber bessert sich das Bild, es ist gemütlich und hier wird gerade renoviert. Die Dame an der Rezeption spricht sogar Deutsch, und ein junger Deutscher ist hier angestellt – der Mann fürs Grobe sozusagen. Er weigert sich aber, mit seiner Chefin Deutsch zu sprechen.

»Ich will schließlich Norwegisch lernen«, sagt er zu uns.

Wir können abends Rentier essen, die Besitzerin hat einen Samen als Koch. Da sind wir gespannt.

Ich bekomme eine Nachricht von Susanna. Sie fahren nun doch von der Stadt Alta zum Nordkap und wollen sich mit uns am Sonntag in Kautokeino treffen.

Das ist die Hauptstadt der Samen, die früher mal Lappen genannt wurden. Der Begriff ›Lappen‹ wird als abwertend empfunden und sollte unbedingt vermieden werden. Das Rentiergericht als Geschnetzeltes mit einem Hauch von Sahne war sehr lecker, dazu gab es bissfeste Karotten und Kartoffeln, alles in einer übersichtlichen Portion. Wenn ich mich nicht satt esse, nehme ich auch nicht zu.

Die Wolken schweben immer tiefer auf unseren Fjord herunter. Morgen werden wir auch nicht ins Schwitzen kommen.

Nach Kautokeino – 300 Kilometer größtenteils über die E08

Das Frühstück kann sich sehen lassen, Lachs, Dips, Schinken, Spiegeleier und Käse. Mehr braucht es nicht. Das Wetter ist noch trocken, für die Ansässigen ist das eine gute Wetterlage, so gerade mit 13 Grad.

George kauft sich im Hotelladen eine neue Geldbörse aus Rentierleder, seine fällt fast auseinander. Kurz nach dem Losfahren treffen wir auf einen Wasserfall, an dem wir ohne Fotos nicht vorbeikommen. Jede Kaskade ist ein Erlebnis.

Und Rentiere am Straßenrand mit struppigem Fell natürlich auch! Plötzlich taucht rechts an der Straße ein Hirsch mit imposantem Geweih auf. George fotografiert ihn, muss dafür etwas länger hinterherlaufen. Interessante Tiere. Nach einer Stunde fängt es an zu nieseln. In der Ferne hängen die Wolken fast auf der Straße. Wir halten und ziehen das Regenzeug an.

Nun sind es nur noch neun Grad. Mir ist sch… kalt. Die Heizgriffe stehen mittlerweile auf Volllast.

Wir passieren unspektakulär die finnische Grenze. Was mir bisher nicht klar war, dass die Finnen die Sommerzeit eine Stunde weitergedreht haben. Der TomTom weiß es. Durchschnittlich kommen wir mit 80 km/h voran. Keine Ampeln, keine Ortschaften, kaum Verkehr. In Finnland darf man sogar 100 km/h auf den Hauptstraßen fahren. Kaum haben wir Finnland verlassen, stimmt die Ankunftszeit beim Navi wieder mit Georgs überein. Was haben wir eigentlich früher ohne die Dinger gemacht?

George hat ein Zimmer im Motel gebucht. Es ist ein kleines Haus mit vier Räumen, Gemeinschaftsküche und -bad. Ich komme mir fast wie ein Eindringling vor, als ich durch die Haustür trete. Vorsichtshalber frage ich, ob ich richtig bin. Aber der Spaghetti kochende Mann weiß es nicht. Ich gehe tapfer die Treppe hinauf und finde das Zimmer 24, in der Mitte ist das Wohnzimmer für alle.

Echt gemütlich!

Der nächste Supermarkt ist fußläufig 11 Minuten entfernt. Fertiggerichte sind doch nicht immer so schlecht wie ihr Ruf. Hier sind wir Selbstversorger, bei einer gut ausgestatteten Küche inklusive Backofen und Mikrowelle.

Wir besuchen die auf einer Anhöhe stehende 1958 erbaute Kirche.

Es gibt den besonderen Schmuckladen *Juhls' Silvergallery*. Hier im Ort an der Esso-Tankstelle im Ortsinneren abbiegen und dann nach links.

29 Juhls‹ Silvergallery in Kautokeino

Gegründet wurde er von dem deutsch-dänischen Ehepaar Regine und Frank Juhls. Sie hatten ein ausgeprägtes Interesse am Leben nomadischer Völker und zogen mit den Samen zu den verschiedenen Rentierweiden. So lernten die beiden Lebensweise und Kultur dieser Menschen kennen.

Die Samen tragen gerne Schmuck, und so wurden die Juhls gebeten, die Schmuckherstellung und deren Reparaturen zu übernehmen.

Leider sind es hin und zurück 10 Kilometer zu Fuß. George geht allein hin, ich besorge die Nahrung für heute Abend. Der Name »Kautokeino« bedeutet so viel wie »auf halber Strecke«. Er ging einst aus einem Zeltlagerplatz hervor.

Susanna schreibt wieder eine Nachricht, dass sie mit der Hurtigruten unterwegs sind und zum Inari-See fahren. Okay, das wird ja immer spontaner mit deren Route. Also ich denke, wir treffen uns frühestens in Dänemark wieder.

Abends spreche ich mit Susanna über Signal. Wir wollen keine drei Übernachtungen in Kautokeino, wir haben hier alles gesehen und fahren weiter nach Pello, den finnischen Teil von Lappland. Das findet Ruedi jetzt wieder blöd.

Na, irgendeiner ist ja immer beleidigt. Okay, wir verabreden uns in Storstrand in Piteå, Schweden.

Dienstag Abend wollen wir also wieder zusammentreffen.

Nach Pello, Finnland –
300 Kilometer

Die Zeit rast inzwischen. Sonntagmorgen, 23.07.2023. Es ist kalt, wieder nur 9 Grad. Schon wegen der Kälte ziehe ich mir das Regenzeug an. Zunächst fahren wir auf der 93, dann für George langweilige 200 Kilometer auf der E08. Mir reicht die Straße vollkommen, zumal es wieder regnet. Gut ist, dass wir auf der Hauptstraße 100 km/h fahren dürfen. Mangels Bewohner und Städte inklusive fehlender Ampeln kommen wir auch hier ziemlich schnell voran.

Fotos gibt es keine. Regenpausen nutzen wir nur zum Erledigen von Verrichtungen. Mücken sind kaum zu sehen, weder auf dem Visier noch auf der Frontscheibe. Und vor denen hatte ich so einen Horror. Schweden und Finnland, Mückenbrutländer. Jetzt nicht mehr.

Unterwegs sättigen wir uns mit Pommes und fettigen Burger. Muss an der Kälte liegen, dass ich auf so was Appetit habe. Ich könnte mir jetzt auch gut eine Currywurst vorstellen. Die Unterkunft in dem Motelli liegt direkt an einer Tankstelle und der Hauptstraße. Nun, es gibt schönere Gegenden. Aber das Doppelzimmer hat im Bad eine Sauna. Somit ist die Nasszelle genauso groß wie das Schlafzimmer.

Das Saunabad nutze ich diesen Abend weidlich aus und vermisse überhaupt nichts.

Nach Storstrand in Piteå, Schweden – 250 Kilometer

Ausgesetzter Asphalt mit Schotter in zahlreichen Baustellen …. gruselig. Das Hin- und Hergerutsche des Hinterrades würde ja nicht so stören, wenn ich stehend fahren könnte. Die Unterlippe soll möglichst locker hängen, George redet Mantra mäßig auf mich ein.

»Ruhig und stetig am Gas bleiben, Rehlein!«

Ja, und die Augen weit geradeaus!

Schweden ist übrigens seit 01.07.2023 rauchfrei. Das Rauchen in der Öffentlichkeit ist verboten, in Restaurants auch draußen vor der Tür! Rauchfrei darf sich ein Land nennen, wenn weniger als 5% der Bevölkerung qualmen. Nun, die Schweden konsumieren Smus, den Kautabak, der 3x so viel Nikotin enthält und in die Wange geklemmt wird. Trotzdem liegen sehr viele Kippen auf der Straße. Scheint sich noch nicht rumgesprochen zu haben - die Rauchfreiheit. Jede Menge Rentiere äsen am Straßenrand. Ich beobachte mehr die grasbewachsenen Ränder als die Straße selbst.

Die Tiere haben die Angewohnheit, zu mehreren plötzlich über die Straße zu rennen.

30 Rentierhirsch am Straßenrand. Gar nicht scheu.

Wir landen in einer Gemeinschaftsunterkunft, preiswert, aber nie wieder. Geschnarche im Nebenzimmer, verdreckte Dusche, knallende Türen. Einen Wecker braucht es nicht, der nebenan ist laut genug.
George plant eine Solotour über Schotter. Gerne. Dann langweilt er sich nicht. Ruedi und Susanna treffen um 16:00 Uhr ein, sie haben sich ein ganzes Haus gegönnt.

Wir beschließen, zusammen weiterzufahren, und sprechen über die Bedingungen und die Route nach Hause. Keine Diskussionen mehr, wir halten uns an die Abmachungen, die nun einvernehmlich getroffen werden. Ziele sind gesetzt, Tour-Auswahl überschaubar beim schwedischen Straßennetz, keine Schotterpisten. Das wird allseits abgenickt.

Beim Tanken und Einkaufen hatten Ruedi und Susanna auf deren Tour ziemliche Probleme. Stromausfall im Supermarkt und an der Zapfsäule. Also alle Käufe wieder zurückgebracht und zur nächsten Tankstelle gefahren. Dort gab es nur Diesel, kein Benzin. Es wurde schon sehr eng, bis sie 50 Kilometer weiter endlich den Tank füllen konnten.

»Nun wird vollgetankt, sobald sich die Gelegenheit bietet. Das tue ich mir nicht mehr an«, erzählt er.

Im nördlichen Schweden sind die Tankstellen nicht so zahlreich!

Die Helligkeit lässt uns bierselig und friedlich um 1:00 Uhr zu Bett gehen, nachdem wir ausgiebig und mit mäßigem Ergebnis alle verfügbaren Quizze auf Spiegel online gespielt haben.

Morgens geht es 220 Kilometer auf der Schnellstraße nach Umeå zu einem KTM-Händler, der den Hinterreifen an Ruedis Adventure wechselt.

Der sieht gar nicht mehr gut aus, eher wie ein Slick.

Das Wetter hat sich wieder beruhigt. Ich kann das Sonnenvisier runterklappen und in Umeå sogar die Sonnenbrille rausholen. Wir gondeln unspektakulär auf der Hauptstraße mit 110 erlaubten km/h und fahren erst den falschen KTM-Werkstatt-Standort an.

Reifen wechseln sie hier nicht, der Mitarbeiter gibt uns die richtige Adresse. Und da passt es. Ruedi kann den Hinterreifen nachmittags erneuert bekommen. Er erhält nicht nur einen neuen Reifen, sondern auch die Adventure sauber geputzt zurück. Schon ein ausgezeichneter Service bei KTM, sehr zu empfehlen. Susanna fährt bei George auf dem Sozius mit zum Hotel U&Me, BW Signature Collection.

Wichtig! Parken ist ein Problem in der Stadt, auch für Motorräder. Da verstehen ebenso die Schweden absolut keinen Spaß.

Zunächst parken wir notgedrungen im Halteverbot. An der Rezeption buchen wir einen Parkplatz in der Hoteltiefgarage und George fährt unsere Maschinen einmal um den Block dorthin.

Susanna und ich suchen den Systembolaget Laden. Hier gibt es Bier mit normalen Umdrehungen in einer unüberschaubaren Auswahl. Ein Riesenladen und üppig besucht.

Die Stadt kommt ansprechend daher.

Vom Hotel hat man einen echt klasse Blick aus dem 10. Stock auf den Fluss Umeälven, dessen Name sich mit »Gewebe« übersetzen lässt. Das Waschbecken steht irritierenderweise mitten im Zimmer statt im Bad. Direkt daneben dient als Dekoration eine altgediente Olivetti-Schreibmaschine, die sogar noch funktioniert. Auf diesem Typus lernte ich mit 15 Jahren das Maschineschreiben, blind mit 10 Fingern. Das Interieur des Hotels erinnert an eine Markthalle, gleich neben der Rezeption ist die Stadtbibliothek.

Das Check-in erfolgt an einem Automaten, der die Kreditkarte liest und anschließend die Schlüsselkarten ausspuckt. Zum Glück ist ein Mitarbeiter dabei, der uns in diese Technik einweist.

Sollte Schweden tatsächlich bis 2030 auf Bargeld verzichten, müssten sie ausreichend Not-stromaggregate mit Dieselvorräten zur Verfügung stellen. Sonst wird das Land lahmgelegt.

Wo sind all' die Bienen hin? Wo sind sie geblieben …

Auffällig ist, dass wenig Insekten auf Scheibe und Visier kleben. Nicht, dass ich die jetzt vermisse, lästige Biester, die uns stechen.

Selbst die Mücken sind überschaubar, nicht zahlreicher als in Deutschland im Sommer. Aber um uns Menschen geht es dabei doch nicht, oder?

Wusstet ihr, dass ein Leben ohne Insekten auf der Erde nicht möglich wäre? Und dass die Menschheit aussterben könnte?

Insekten räumen unseren Müll weg, zersetzen Pflanzenmaterial und tote Körper, sorgen für Bestäubung, sind wichtiger Bestandteil der Nahrungskette für Fische, Vögel und andere Säugetiere.

»*Where Have All the Flowers Gone*« ist ein Antikriegslied, das 1955 vom US-amerikanischen Songwriter Pete Seeger geschrieben wurde. Der Folksong wurde von Max Colpet unter dem Titel:

»Sag mir, wo die Blumen sind« ins Deutsche übertragen und in der 1962 veröffentlichen Version von Marlene Dietrich populär.

»*Where have all the flowers gone*
Long time passing? Where have all the flowers gone
Long time ago? Where have all the flowers gone?

Young girls picked them everyone. When will they ever
learn? When will they ever learn?«
Quelle: Wikipedia
https://de.wikipedia.org/wiki/Where_Have_All_the_Flo
wers_Gone

Zumindest die 1. Strophe passt zu unserem Klima-
wandel und das Insektensterben. Doch – wann wird
man je verstehen und vor allem, endlich mal handeln?!
Was sind denn eigentlich die Gründe? Verarmte
Landschaften, Agrargifte, Überdüngung, intensive
Forstwirtschaft, versiegelte Böden, Lichtverschmutzung
(in Zeiten der Energiekrise wird jedoch an Beleuchtung
gespart, kommt den geflügelten Sechsbeinern sicher zu
gute), ferner naturfeindliche Privatgärten.
Wie kann man sich nur so eine grau in grau gehaltene
Schotterwüste vor die Haustür schütten? Vielleicht
durch anspruchslose Koniferen etwas aufgelockert.
Schottergärten sind ja nach Landesbaurecht im Prinzip
schon immer verboten. Haben sich manche eben nicht
drangehalten, nun folgen die Bescheide der
Rückbauverpflichtung.

Ins Landesinnere nach Boting – 220 Kilometer

Vom Bottnischen Meerbusen verabschieden wir uns. Es geht in Richtung Heimat. Zunächst nach Malmö und dann voraussichtlich über die Öresund Brücke nach Dänemark. Es ist Donnerstag, der 27.07.2023.

Die Landschaft präsentiert sich mit Mischwald von Birken und Tannen.

Äußerst wenig Verkehr, die Straße ist trotz der geraden Führung nicht langweilig. Jedenfalls nicht für mich. Bei den Männern bin ich mir nicht so sicher. George fährt vorweg und ist heute so gar nicht der Pausentyp. Nach einer Stunde Fahrtzeit will er nicht schon wieder halten und fährt weiter, während wir drei einen abseits gelegenen Campingplatz ansteuern, um einen Kaffee zu trinken.

Eine super Lage, kleiner familiärer Platz mit wenigen Hütten, direkt am See mit Motorbooten und Kanus. Eine Feuerstelle zum Braten des selbst gefangenen Fisches ist auch vorhanden. Zur Freude von Susanna kommen Schweizer vorbei, die ins Boot steigen. Schade, dass wir das Hotel in Boting schon gebucht haben.

Falls eine von den kleinen Hütten frei gewesen wäre, hätten wir diese gemietet und bei schönstem Wetter am See kampiert. Irgendwann treffen wir wieder auf George.

»Ihr habt euch aber ganz schön Zeit gelassen!«, sagt er.

»Ich stehe hier schon etwas länger rum.«

»Hättest ja mitkommen können, wir haben echt super gesessen.« Ruedi grinst.

Der Ort Boting hat gerade mal 650 Einwohner. Die Sehenswürdigkeiten sind der Bahnhof und eine Dampflok. Schreibt jedenfalls Wikipedia. Essen können wir in der Pizzeria. Sättigend und unspektakulär. Ich buche nach Absprache mit den anderen eine Privat-ferienwohnung mit drei Schlafzimmern, 200 Kilometer entfernt. Nach der Buchung schreibt mir der Besitzer, dass es weder Bettwäsche noch Handtücher gibt.

Er hätte Verständnis, wenn wir cancelen. Er wohnt nicht in diesem Gebiet und kann keine Wäsche vorbeibringen. *Seufz.*

Da Ruedi und Susanna keine Bettwäsche mithaben, storniere ich eine Stunde später wieder, zum Glück gebührenfrei bei booking.com.

»Na, dann müssen wir wenigstens nicht zwei Tage in der Pampa hocken«, sagt Susanna.

Das ärgert mich jetzt doch. »Wieso müssen? Ihr wart doch einverstanden!«

»Ich habe es erst später gesehen, wo das liegt, da ist ja gar nichts.«

Ich habe die Nase voll. George möchte jetzt auf gut Glück fahren, die anderen plötzlich auch. Ich nicht. Es riecht schon wieder nach Streit.

Am Freitag, vor dem Wochenende, die Locations abzufahren, womöglich noch im Regen, finde ich so überflüssig wie Kacke am Absatz.

George fährt später im Hotelzimmer den Laptop hoch, um eine Unterkunft zu finden. Ich bin total müde und schlafe gleich ein. Irgendwie freue ich mich doch sehr auf zuhause.

Nach Bräcke – 214 Kilometer

Ich bin immer noch sauer wegen gestern. George hat ein Hotel gebucht. Na also, geht doch.

Mit dem Wetter haben wir wieder Glück. Ein Gewitter kommt nur hinter uns herunter, die Straßen sind oft nass, aber die Schauer erwischen uns nicht. Es sind angenehme 18 Grad. So könnte es bleiben.

Wir haben so viel Zeit, dass Susanna und ich uns an einem See in die Sonne legen und ein Power nap halten.

Bräcke ist der Hauptort einer Gemeinde in der Provinz Jämtlands Län. Durch die Gegend führen die Europastraße E14 und die Bahnstrecke Sundsvall-Storlien. Die Provinz grenzt im Westen an Norwegen, im Norden an Lappland, im Osten an Ångermanland und im Süden an Härjedalen und Medelpad.

Auf ihrem Gebiet liegt die heutige Provinz Jämtlands Län. Jämtland ist die zweitgrößte Landschaft Schwedens. In Nord-Süd-Richtung streckt sich das Areal um die 315 Kilometer und die größte Ost-West-Ausdehnung beträgt 250 Kilometer. Die Bevölkerungsdichte beläuft sich auf spärliche drei Einwohner auf einen Quadratkilometer. Die westliche Grenze wird durch das skandinavische Gebirge, die Skanden gebildet. *(Quelle: Wikipedia).*

Wir fangen an, die Länge der Wegstrecke bis nach Dänemark zu zählen. Es sind noch 1.000 Kilometer bis Malmö. Das hätte ich nicht gedacht. Ruedi muss in einer Woche wieder arbeiten. Es drängt etwas. Leider haben das Restaurant und die Sauna im Jämtkrogan Hotel geschlossen. Die Heizungen sind abgestellt, im Sommer wird in Schweden grundsätzlich nicht geheizt. Susanna friert. Die Sonne scheint und wir sitzen auf der Wiese beim Hotel, einer ansprechenden Location mit Holzdekorationen an der Wand, aufgelockert durch Malereien und Aquarellbildern.

Der Ort selbst ist übersichtlich, zwei Pizzerien mit á la carte Menü. Wir besuchen beide, inzwischen kann ich Pommes und Hamburger nicht mehr sehen.

Am nächsten Morgen komme ich an der Rezeption mit der Mitarbeiterin ins Gespräch. Sie ist Deutsche und lebt seit 10 Jahren in Schweden, hat zwei fast erwachsene Söhne und arbeitet als Lehrerin.
»Du sprichst gut Englisch«, sagt sie. »Bei den meisten Deutschen ist das nicht so.«
Das geht ja runter wie Öl. Der Babbelsprachkurs hat sich nach einem Jahr wirklich bezahlt gemacht. Babbel kann ich nur empfehlen!
»Warum bist du nach Schweden ausgewandert? «, frage ich sie.
»Für mich war schon sehr schnell klar, dass ich nicht in Deutschland leben will. Diese Enge, die vielen Menschen, alles und jedes ist geregelt, es gibt so wenig Freiraum. Vor allem so viel Leistungsdruck. Die Deutschen müssen sich über ihre depressiven Kinder und Jugendlichen nicht wundern. Die müssen immer funktionieren, gute Noten und noch bessere Leistungen bringen. Die Schweden sind viel gelassener, unkompliziert und vor allem leben hier nicht so viele Menschen. Das gefällt mir. Ich arbeite als Lehrerin und habe im Moment Ferien.

Deshalb mache ich hier im Hotel ein paar extra Schichten. Es fehlt so sehr an Personal.«

Eine Lehrerin und extra Schichten? Aha. Das monatliche Salär ist wohl überschaubar.

»Meine Nichte wohnt mit ihrer Familie und zwei kleinen Kindern in Stockholm. Sie arbeiten auch beide als Lehrer und sind total begeistert von diesem Land«, erzähle ich.

»Ich war immer sehr streng mit meinen Söhnen«, plaudert sie weiter. »Kein Smartphone, kein Facebook, kein Fernsehen. Sie haben mir das oft vorgeworfen, aber inzwischen sind sie sich sicher, dass sie mit Social Media nichts verpasst haben.«

Das würde in Deutschland bei Hardliner Eltern wohl auch funktionieren, aber ich kann nachvollziehen, was sie sagen will. Interessantes Gespräch, das mich nachdenklich stimmt. Als wir losfahren, bemerke ich, dass die Dame für das Frühstück zu wenig kassiert hat. Nur 99 Kronen. Das wäre ja pro Essen nur 2,50 Euro! Ich laufe nochmal zurück. Wahrscheinlich haben wir uns verquatscht. An der Rezeption ist niemand mehr und im Restaurant nicht.

In die Küche will ich mit den Motorradklamotten nicht rein. Seufzend gehe ich wieder raus.

31 Die Norden im Wald von Jämtland

Jämtland

Text: George Schmittlein

Das Wetter ist zunächst nicht schlecht und ich will mal wieder eine spannende Tour fahren. Die anderen drei haben dazu keine Lust, also cruise ich allein. Ich plane einige Schotterstrecken zu fahren und so viel kann schon gesagt werden: Es klappt und sie sind alle schön!

Zunächst geht es nordwärts über die E 14 bis Gällö.

Dort biege ich Richtung Westen ab auf die Revsundsvägen. Jetzt wird die Gegend richtig interessant: Wälder, Seen, felsige Hügel und bald auch Schotter.

99

Pünktlich beim ersten Schotterstück setzt leichter Regen ein, zum Glück aber nur ein kurzes Intermezzo, hört bald wieder auf und es bleibt den Rest des Tages trocken. Manchmal lässt sich sogar die Sonne sehen.

32 George, ganz allein in Jämtlands Outback

So kann ich die Fahrt genießen! Mal fege ich schnell über Schotter, mal lasse ich es gemütlich rollen. Einige Teilstücke sind so eng, dass eher vorsichtiges Fahren angesagt ist. Aber die ganze Fahrt: Ein Traum! Die Gegend hier in Schweden imponiert nicht so wie häufig in Norwegen mit ausgefallenen Highlights, sondern durch die Einsamkeit und Ruhe der weiten Landschaft. So fahre ich auf kleinen Straßen oder Pfaden über Revsund, Orrskäret, Våle, Strångsund, Byberget, Albybyn bis Alby. Höhenmäßig spielt sich das unterhaltsam zwischen 120 und 420 Höhenmetern ab. Unterwegs fasziniert fast nur die einsame Landschaft, andere Fahrzeuge oder Menschen sind eher selten. In Alby ist der große Spaß dann vorbei. Es geht über die 83 zügig bis Hallsta und danach über die E14 zurück nach Bräcke. Unterwegs ist eine Motocross-Strecke ausgeschildert, die ich mir anschaue. Leider alles eingezäunt und abgesperrt und kein Mensch zu sehen. Sonst hätte ich der Norden eine Runde Crossstrecke gegönnt. Na ja, wer weiß, wofür es gut war?

33 Jämtland

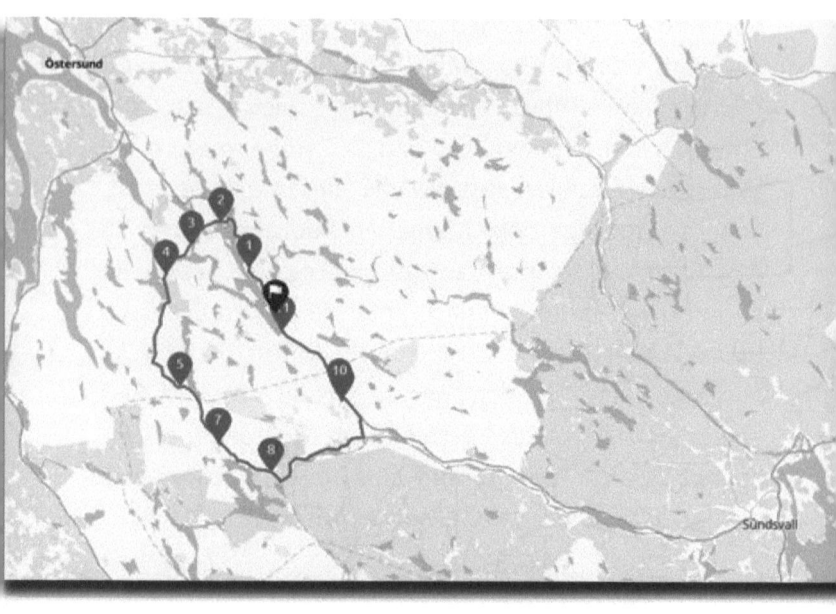

34 Jämtland Tour, im Nordwesten Östersund.

Nach Mora – 300 Kilometer

Wir müssen jetzt mal ein paar Meter machen. Ab
Dänemark werden sich unsere Wege wieder trennen,
so dass die beiden auf dem schnellsten Weg in die
Schweiz fahren. Beim Tanken frage ich Susanna, was sie
fürs Frühstück bezahlt hat.

102

Auch zu wenig, nachdem wir zweimal nachrechnen. Also – Mathematik unterrichtet die Dame an der Rezeption wohl nicht.

Mora ist ein Ort in der schwedischen Provinz Dalarnas Län und der Provinz Dalarna. Der Ort ist Hauptort der gleichnamigen Gemeinde und liegt am nördlichen Ende des Sees Siljan. Im Vergleich zu den bisherigen Orten ist die Stadt mit zirka 12.000 Einwohnern groß. Es gibt einen Flughafen und hier endet die Bahn von Stockholm über Uppsala.

Es regnet bei 18 Grad immer mal wieder. Heute wohnen wir preiswert im B&B Kristineberg. Die Unterkunft Bed & Breakfast ist 1,2 Kilometer vom Zentrum von Mora entfernt und hat den Charme einer Jugendherberge mit winzigen Doppelzimmern, direkt an einem vielbefahrenen Kreisverkehr gelegen. Aber für eine Nacht ist das völlig okay. Die Baustelle mit brauner Schottersoße auf dem Weg ist das Highlight für mich, total verdreckte Maschinen und Klamotten.

In Deutschland wäre diese Strecke gesperrt.

Aber die Schweden sind ja locker drauf. Es ist Sonntag, der 30. Juli 2023 und die Stadt ist wie leergefegt. Es haben nur wenige Restaurants geöffnet, wir landen wieder in einer – richtig, Pizzeria mit griechischen Akzenten. Ich bestelle ein Souflaki, was ziemlich lecker ist, George ist mit seinem Steak aber nicht zufrieden.

Durchgegart und trocken. Ruedi legt heute eine Nullrunde beim Abendessen ein.

Auffallend sind hier die vielen amerikanischen Schlitten vom Chevrolet und Chrysler Typ. Garantiert nicht klimafreundlich.

35 Chrysler in altrosa. Über Geschmack lässt sich eben nicht streiten.

Nach Mariestad – 300 Kilometer

Mariestad ist eine Stadt in der schwedischen Provinz Västra Götalands Län und Västergötland.

Sie liegt an der Europastraße 20 etwa 180 Kilometer nordöstlich von Göteborg an der Mündung des Flusses Tidan in den See Vänern. Mariestad ist der Hauptort der gleichnamigen Gemeinde. Wolkenbrüche mit Seen auf der Straße machen die Fahrt anstrengend. Der Regen prügelt kleinen Kieselsteinen ähnlich auf die Jacke, die Sicht tendiert gegen null. Bei der undichten Regenhose ein weiteres Highlight. Zum Glück haben George und ich heute Ruhetag.

Auch wenn das Hotel an der Tankstelle nicht besonders idyllisch ist, aber wir haben einen kleinen Balkon und das Restaurant ist geöffnet. Die Unterkunft ist gefahrgeneigt. Susanna klemmt sich an der zuschnellenden Zimmertür zwei Finger, deren Kuppen dunkelblau anschwellen. Ich gehe zur Maschine und will das Erste Hilfe Kit mit der Arnikasalbe holen. Ich durchwühle die Koffer, Topcase und Tankrucksack. Nichts. Ich muss alles im Kühlschrank vergessen haben, einschließlich der Salben gegen Mückenstiche. Tolles Erste Hilfe Kit.

Susanna kühlt sich die Finger an der kalten Bierflasche, Eis will sie nicht.

Na, das wird morgen ein Spaß mit Handschuhen.

Nachts falle ich dann aus dem Bett. Nach 30 Jahren das zweite Mal. Das Kissen war auf die Erde gefallen und als ich danach angele, folgte der restliche Körper gleich nach. Begraben unter dieser rutschigen Matratzenauflage, befreit mich George schließlich und wuchtet das Ding wieder ins Bett.

An Schlaf war erstmal nicht zu denken, zumal mein linker Fuß schmerzhaften Kontakt mit dem Heizkörper hatte. Und beim morgendlichen Duschen schrammt die linke Großzehe unter der Duschtür und verursacht eine beachtliche Schnittwunde. Das gibt morgen einige schmerzhafte Erinnerungen beim Schalten. Den Ruhetag über bewege ich mich sicherheitshalber nicht vom Fleck.

Wir verabschieden uns nun doch wehmütig von Ruedi und Susanna. Wie sagt es sich so passend? Pack schlägt sich, Pack verträgt sich. Und die Freundschaft ist erhalten.

Sie nehmen die Öresund-Brücke und fahren durch Dänemark. George und ich buchen die Fähre von Trelleborg nach Rostock. Das erspart uns bei der Heimfahrt 500 Kilometer, aber bis Trelleborg sind es immerhin noch 447 Kilometer. Trelleborg ist nicht nur Schwedens südlichste Stadt, sondern auch eine der ältesten.

Wo vor tausend Jahren Wikinger erste Siedlungen gründeten und eine Ringburg, auf Schwedisch Trelleborg, bauten, findest du heute eine lebendige Kulturlandschaft an der Küste der Ostsee.
Die Schwedendurchfahrt will so gar nicht enden.
Und das Wetter soll weiterhin unbeständig und regnerisch bleiben, wie in Deutschland. Nach unserer Rückkehr gab es auch in Schweden große Überschwemmungen!

In Trelleborg

Langweilige Autobahnfahrt, dafür läuft es zügig. Das Hotel liegt direkt am Hafen, der Blick aus dem Fenster lässt ahnen, wie groß dieser Hafen ist.

7 Hafen in Trelleborg, Blick aus dem Hotelfenster

Ich kann den rangierenden LKW-Fahrern nur meinen höchsten Respekt zollen, wie sie rückwärts in den Schiffsbauch fahren. In der Eingangshalle des Hotels gibt es einen Check-in Schalter für die Fähre, der aber leider den Fußgängern und Radfahrern vorbehalten ist. Wir müssen am Schalter morgen früh das Ticket ziehen.

36 Skulptur in Trelleborg, passend zum Wetter.

Wir schauen uns abends noch die Stadt an, gehen aber früh zu Bett. Ich bin total müde.

Ohne Frühstück geht es morgens um 7:00 Uhr los zur Hafeneinfahrt. Der Schalter schließt um 07:30 Uhr.

Wir tippen die Buchungsnummer und unsere Kennzeichen ein. Geht relativ flott, nur zwei Versuche, und schon haben wir die Tickets.

Bis zum Anleger sind es gut und gerne 2,5 Kilometer zu fahren, wobei die zu nutzende Spur auf dem Ticket vermerkt ist. Der Hafen ist einfach riesig.

Wir stehen alleine auf der Motorradspur und werden durchgewunken zur Rampe der TT-Line. Es geht steil nach oben, weil wir auf Deck 5 fahren sollen. Ich warte unten, bis die Wohnmobile durch sind, um nicht auf der Steigung zu halten. Angurten müssen wir die Maschinen selbst. Bis Rostock sind es sechs Stunden, gut zum Relaxen. Dabei verwechsele ich die Küste von Dänemark mit den Kreidefelsen von Rügen. Peinlich.

In Rostock ist das Wetter schlecht, nach einer halben Stunde schüttet es wie aus Eimern. Wir fahren nach Neustadt - Glewe und übernachten in einem Schlosshotel. Super Ambiente.

Nun geht der Urlaub nach fünf Wochen final zu Ende.

Was bleibt? Ein leeres Konto. Kosten pro Person inklusive Fähren, Übernachtungen, Essen/Trinken und Sprit zirka 5.000 Euro.

Aber dennoch auf jeden Fall wieder nach Norwegen, dieses Mal an der Küste lang, mit einer regendichten Gummihose. Den Norden kennen wir ja jetzt.

Und nur zu zweit, nicht mehr zu viert. Wir sind schließlich alt genug, alleine zu fahren.

Danke, dass ihr bis zum Ende des Berichts durchgehalten habt. Die bange Frage, wie lange noch? Schwebt nicht mehr über mir. Es geht, solange es eben geht. Es ist Zeitverschwendung, über die Endzeit des Motorradfahrens nachzudenken. Wenn es soweit ist, werde ich, werden wir, es schon wissen!

Ich freue mich über Feedback via E-Mail:
Marbiestoner58@gmail.com und

Bei Facebook:
https://www.facebook.com/marbiestoner

38 Und nicht vergessen: immer oben bleiben! Das wünscht euch Marbie & George.

Irgendwo in Schweden

Weitere Veröffentlichungen

https://www.bod.de/buc hshop/tuerkei-mit-dem-motorrad-marbie-stoner-9783756226184

Erscheinungsdatum: 24.08.2022. Die Türkei ist ein faszinierendes Reiseland, vor allem, je weiter man sich in den Osten Anatoliens begibt. Sich auf Freiheit und Abenteuer zu freuen, die dieses große Land mit seiner vielfältigen Landschaft vermittelt, und das bei einer unglaublich herzlichen Gastfreundschaft! Die Türkei über die Dardanellen entgegen des Uhrzeigersinns mehrere Wochen mit den eigenen Motorrädern zu bereisen, war schon lange unser erklärtes Ziel. Corona verhinderte das aufgrund der geschlossenen Grenzen zwei Jahre lang.

2021 - Reisen ist dank Impfpass wieder möglich, trotz steigender Inzidenzen von Covid-19 im Herbst. Wie in 2020, nur interessiert es keinen mehr.

Slowenien nutzten wir stets als Durchreiseland von unseren Balkan Touren Albanien, Bulgarien, Montenegro. Serbien und Kroatien. Dieses Mal gönnen wir uns dieses kleine Land als Schmankerl. Es lohnt sich!

https://www.twentysix.de/shop/slowenien-mit-dem-motorrad-marbie-stoner-9783740787202

Quer durch Frankreichs Provinzen über die Pyrenäen zum Picos de Europa? Unbedingt! Nordspanien ist das etwas andere Spanien. Hier locken die hohen Berge mit winzigen kurvenreichen Straßen, wilde Küsten mit schroffen Klippen, grüne Landschaften, außergewöhnliche Städte. Wenn man beim Losfahren nicht weiß, wo man abends landet.
Und wenn das Wetter so unkalkulierbar ist wie die Stimmung der Vierer-Crew, die Programmierung der Garmins und des TomToms.
https://www.twentysix.de/shop/nordspanien-mit-dem-motorrad-marbie-stoner-9783740763183

Geht das? Unerwartete Schneeeinbrüche und Blizzards, Schlammpisten und Straßenüberflutungen ließen das Abenteuer mit 3.530 km spannender als erwartet werden. Einige von Amerikas atemberaubenden Canyons sehen wie den Antelope Canyon im nördlichen Arizona, mit 700er, 800er BMW GS und Triumph Tiger XCx 800, abseits der normalen Pfade mit 70% Schotter- strecken auf Dirt Roads. Das verspricht der Veranstalter John Hax, Eigentümer von 106 Grad West Motocycle Adventure. Mit dabei: Bryn Davies als Redakteur von Adventure Bike Rider, dem britischen Magazin für Abenteuermotorradtouren.

https://www.twentysix.de/shop/usa-106-west-durch-colorado-utah-nord-arizona-mit-motorraedern-marbie-stoner-9783740752842

Marbie Stoner

106° West - durch Colorado, Utah, Arizona mit Motorrädern

Abenteuer garantiert

Wo ist das – Kirgistan?

Es liegt in Zentralasien an der chinesischen Grenze und ist umgeben von den anderen 'Stans': Usbekistan, Tadschikistan und Kasachstan. Die Silbe 'Stan' bedeutet 'Land'. Warum nach Kirgistan? Die Begegnung mit einer fremden Kultur und Übernachtungen in Jurten waren ein unvergessliches Erlebnis. Das Gebirgs- und Gletscherland bot uns atemberaubende Aussichten. Der höchste Berg ist der Dschengisch Tschokuso mit 7439 Metern. Der größte Walnusswald der Welt ist hier beheimatet und der Issyk Kul ist der größte Hochgebirgssee der Erde! Kirgisien ist ein Rohdiamant, dessen Schönheit sich erst auf den zweiten Blick offenbart und ein Land, das mit Reichtümern nicht gesegnet ist.

Es braucht den Tourismus, und die Kirgisen bewirken alles, damit ihre Gäste sicher die atemberaubende und schroffe Landschaft genießen können. Die freundlichen und zugewandten Menschen ließen die Reise auf Yamaha XTs 600 und mit dem Schweizer Anbieter MuzToo zu einem unvergesslichen Abenteuer abseits der gewohnten Touristenhochburgen in Europa werden, und entschädigten für staubige Schotterstrecken mit ihren Unwägbarkeiten.

https://www.twentysix.de/shop/kirgistan-mit-dem-motorrad-marbie-stoner-9783740732387

Marbie Stoner

Kirgistan mit dem Motorrad

Abenteuer mit MuzToo

Motorradfahren ist gefährlich. Das ist unbestreitbar, genauso wie Rauchen, Fallschirmspringen, Hornbach Projekte, im Extremfall sogar Hausarbeit. Im Laufe von zwanzig Jahren auf dem Motorrad haben sich diverse Erfahrungen auf meinem Erinnerungstacho angesammelt. Skurriles, Komisches, Tragisches und Entbehrliches.

https://www.twentysix.de/shop/krad-katastrophen-ma rbie-stoner-9783740724368

In 2012 begeisterte uns Rumänien durch die Freundlichkeit, die Aufbruchsstimmung im Land und die Fähigkeit der Rumänen, trotz des schweren Alltags mit einem Lächeln in die Welt zu sehen. Besonders beeindruckend: die LKW-Fahrer. Die bremsen nicht, die hupen!

https://www.amazon.de/Rum%C3%A4nien-mit-dem-M otorrad-Donaudelta/dp/1540524884

Unsere Balkansucht begann hier. Länder für Aktivurlauber und El Dorado an Kurven. Im Zeichen der Flüchtlingskrise. Bulgarien bietet Bilder voller Gegensätze: Pferdekarren im dichten Stadtverkehr, Rinder, Schafe am Straßenrand, Prini- und Rilagebirge und die sanften Hügel der Rhodopen im Süden.

https://www.twentysix.de/shop/bulgarien-und-balkan -mit-dem-motorrad-marbie-stoner-9783740715793

Meine Kurzgeschichtensammlung von Tragiken des Alltags, über die man lieber nicht spricht, aber gerne liest und sich freut, dass es einen nicht selbst getroffen hat.

Die Idee zu: „Assistentin des Sisyphus" wurde hier geboren. Stellen Sie sich vor, Ihr Ehemann öffnet Ihnen die Türe, hat ein Messer im Bauch und riecht nach E605.

«Das Abwasser läuft in die Wand!», sagt er.

https://www.literaturcafe.de/html/prosa/abwasser/oht m/

Marokko muss man erlebt haben!
Reisebericht „Marokko mit dem Motorrad", auf eigene Faust in einer Kleingruppe. Etappen der Extreme: Berge, Pässe, Wüste und Küste in drei Wochen. Ohne Garmin und mit unzuverlässigen Landkarten.

https://www.twentysix.de/shop/die-assistentin-des-sisyphus-marbie-stoner-9783740730536

Katharina, Einzelgängerin, 29 Jahre und Motorradfahrerin, ist Krankenschwester mit einer — sagen wir — speziellen Persönlichkeit in ungewöhnlicher seelischer Landschaft. In emotionaler Abhängigkeit steht sie unter dem Einfluss ihrer lesbischen Schwester Florentine, einer Staatsanwältin am Frankfurter Amtsgericht. Bei einer Tour in den Schweizer Bergen begegnet sie dem Mythos Sisyphus und lernt seine Deutung des Steineschiebens in einem Menschenleben kennen: Menschen dürfen durch die moderne Medizin nicht von ihrem Felsen getrennt werden.

Fortan bestimmt der Mythos ihr Denken und Handeln mit dem Ziel, den Menschen durch aktive Sterbehilfe wieder zu ihrem Stein zu verhelfen. Plötzlich sterben Menschen in Katharinas Umfeld.

Und nach der Lektüre denken Sie über eine Patientenverfügung nach. Garantiert.

Diese Bücher sind international online und im Buchhandel bestellbar.

Abseits der üblichen Pfade über Militärstraßen und Schotterstrecken. Eine viertägige Tour mit dem Enduropark Hechlingen im September 2015.
Nur als eBook bei Amazon, kindle unlimited.

https://www.amazon.de/Vom-Friaul-zum-Gro%C3%9Fglock ner-Motorradreiseberichte-ebook/dp/B017F45MDI/ref=sr_ 1_12?__mk_de_DE=%C3%85M%C3%85%C5%BD%C3%95% C3%91&crid=IEATVW0BMC0L&keywords=Marbie+Stoner& qid=1695380350&sprefix=marbie+stoner+%2Caps%2C191 &sr=8-12